单板滑雪

全民健身项目指导用书

唐云松 主编

吉林出版集团股份有限公司　全国百佳图书出版单位

图书在版编目（CIP）数据

单板滑雪 / 唐云松主编. -- 2版. -- 长春：吉林出版集团股份有限公司，2010.2（2024.8重印）
全民健身项目指导用书
ISBN 978-7-5463-2343-5

Ⅰ. ①单… Ⅱ. ①唐… Ⅲ. ①滑雪–基本知识 Ⅳ. ①G863.1

中国版本图书馆 CIP 数据核字(2010)第 028349 号

全民健身项目指导用书
单板滑雪
DANBAN HUAXUE

主　　编	唐云松
责任编辑	黄　群　杜　琳
封面设计	吕宜昌
开　　本	650mm×960mm　1/16
印　　张	6.5
字　　数	30 千
版　　次	2010 年 2 月第 2 版
印　　次	2024 年 8 月第 4 次印刷
出版发行	吉林出版集团股份有限公司
地　　址	吉林省长春市福祉大路 5788 号
邮　　编	130000
电　　话	0431-81629968
电子邮箱	11915286@qq.com
印　　刷	三河市金兆印刷装订有限公司
书　　号	ISBN 978-7-5463-2343-5　定　价　35.00 元

版权所有　翻印必究
如有印装质量问题，请寄本社退换

序言

自1995年我国政府推出《全民健身计划纲要》以来,我国群众性体育活动蓬勃发展,取得了显著的成绩。2008年,举世瞩目的北京奥运会的成功举办,极大地激发了亿万人民群众的体育热情,增强了全社会的体育意识,营造了浓厚的全民健身氛围。面对这样的可喜局面,群众体育科研、教学工作者应义不容辞地为社会实践服务,从不同角度思考,如何使普通百姓通过简而易行的身体锻炼方式、方法和手段达到良好的健身效果,达到拥有健康的目标,从而享受生活、享受快乐人生。该书系就是在这样的思想指导下诞生的。

本书系能够顺应国家体育的大政方针,掌握时代脉搏,对指导大众健身,使大众掌握健身方法和手段有很好的促进作用。

本书系图文并茂,实用性强,分为球类运动、体操健身运动、传统武术、冰雪运动、水上运动、体育舞蹈、休闲运动、格斗运动、民间体育活动和极限运动等十大类项目,计100分册,按照统一的体例,力争有所创新。每册的具体内容为该项目的起源与发展、运动保健、基本技术、运动技巧、比赛规则等,使读者在学习过程中,不仅能够学会运动健身的方法,同时还能够学到保健方面的基本知识。

经国务院批准,自2009年起,将每年的8月8日定为"全民健身日"。《全民健身项目指导用书》的出版,必将为开展全民健身活动起到积极的推动和指导作用。

目录 CONTENTS

第一章 概述
第一节 起源与发展/002
第二节 场地、器材和装备/004

第二章 运动保健
第一节 自我身体评价/010
第二节 运动价值/014
第三节 运动保护/018

目录 CONTENTS

第三章 基本技术
第一节　基本姿势/030
第二节　导入技术/031
第三节　滑降技术/046
第四节　转弯技术/060
第五节　自由式动作/067
第六节　伤害及预防/081

第四章 比赛规则
第一节　比赛方法/088
第二节　裁判方法/090

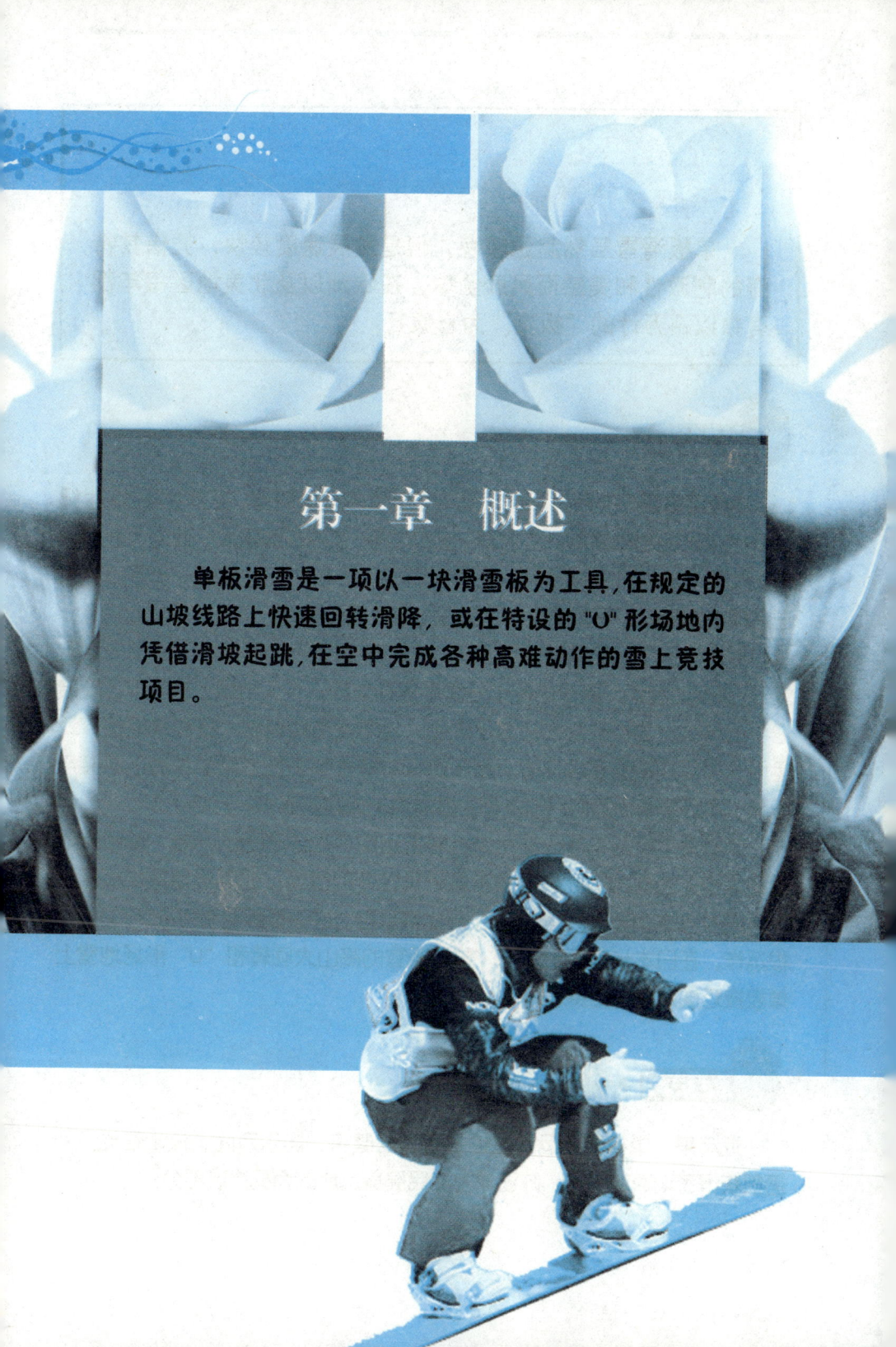

第一章 概述

单板滑雪是一项以一块滑雪板为工具,在规定的山坡线路上快速回转滑降,或在特设的"U"形场地内凭借滑坡起跳,在空中完成各种高难动作的雪上竞技项目。

第一节 起源与发展

单板滑雪虽然起源较晚，但是发展速度较快，凭借其特有的刺激性和美感而风靡全球，在欧洲以及北美地区每年都有数以百万计的"板友"为它疯狂。

单板滑雪源于冲浪及滑板，而不是冬季的双板滑雪。它产生于20世纪60年代美国的密歇根州。当时有一位叫舍曼·波潘的美国人，他为了教自己的女儿练习滑雪，突发奇想，把两只雪板连接在一起，做成一块雪板，乘在这样的雪板上，可如同冲浪一样在山坡上自由滑下。

附近的孩子们惊奇地发现了这种可以冲起雪浪的雪板后，便争先让舍曼·波潘帮助制作，孩子们都十分喜爱这种雪板。不久市场上便出现了安装把手的单板，雪板的前部还有了翘起，对滑下非常有利，这种单板被广泛运用于少年儿童的娱乐之中。孩子们在庭院里或山坡上乘单板滑下时笑声阵阵，享受着单板为他们的冬季生活增添的无限欢乐。

伴随着单板的不断改进和单板滑雪运动在世界范围的开展，单板滑雪运动吸引了当时的国际奥委会主席萨马兰奇的目光，他明确期望单板滑雪能够成为1998年长野冬奥会的正式比赛项目。经过国际滑雪协会（FIS）的积极运作，在日本长野冬奥会上，单板滑雪的高山大回转和"U"形场地雪上单板技巧成为正式比赛项目。

近年来，单板滑雪运动无论是在大众健身、娱乐方面，还是在竞技方面都获得了飞速的发展，并已成为全民健身运动的有机组成部分。

传播

单板滑雪发展较快的国家除了有发源地美国之外，还有法国、瑞士、挪威、芬兰、加拿大、澳大利亚及亚洲的日本，这些国家的单板滑雪运动有替代双板高山滑雪的趋势。

1976年，以美国为中心的北美单板协会成立。1982年，美国举行了全国单板滑雪锦标赛。1983年，第1届单板滑雪世界锦标赛在美国加州的塔霍湖举行。同年，日本成立了单板协会(JSBA)。1983年，美国举行了第一次单板滑雪比赛。1987年，欧洲成立了欧洲单板协会(SEA)。

1987年，国际单板联盟(ISF)成立，并于1987—1988年开始举行每年多站的世界杯比赛。1998年日本长野冬奥会上，单板滑雪的高山大回转和"U"形场地雪上单板技巧成为正式的比赛项目。2002年美国盐湖城冬奥会上，"U"形场地雪上单板技巧依旧是正式比赛项目，单人大回转项目被取消，替代的是单板双人平行回转。2006年都灵举办的冬奥会上，增设了4人超级争霸赛。

机构与赛事

机构

国际滑雪联合会(FIS)简称国际雪联，是国际滑雪界的最大官方组织，于1924年在国际滑雪委员会(成立于1910)的基础上改组成立，总部在瑞士首都伯尔尼，共有160个协会会员。中国滑雪协会于1981年5月加入国际雪联。

赛事

(1)冬季奥运会单板滑雪比赛，每4年一届；
(2)世界单板滑雪锦标赛，每2年一届；
(3)全国单板滑雪锦标赛，每2年一届。

概述

❄ 国内

单板滑雪运动能够增强身体的柔韧性，锻炼身体的平衡能力与协调能力，增强心肺功能，从而达到振奋精神、愉悦身心的目的，是全民健身运动不可或缺的组成部分。

大约在 2000 年后，单板滑雪运动开始在我国流行，以最迅猛的速度在追求个性、酷爱时尚的年轻人中普及开来。目前，单板滑雪人群遍布全国各地，从室外滑雪场到室内滑雪场，到处都有单板滑雪者的身影。

❄ 国外

单板滑雪是深受欧美年轻人喜爱的冬季运动项目，凭借其特有的刺激和时尚逐步风靡全球。在世界各大滑雪场，单板滑雪人数直逼传统双板滑雪者。为了迎合单板滑雪者数量激增的需求，美国加州的大熊雪场顺势而变，发展成为专为单板滑雪者提供服务的滑雪场，并取得了巨大成功。世界其他地区的一些滑雪场也纷纷效仿，使得这项运动得到迅速发展。

第二节 场地、器材和装备

单板滑雪是一项冬季运动项目，场地、器材和装备直接影响到滑雪者的技术发挥和人身安全，所以了解它们对每位滑雪者都非常重要。

场地

单板滑雪有不同的场地规格，滑雪者应了解这些场地各自的特点，并熟悉场地中的一些常见标志。

滑雪场应有指示标志，起到提示或警告滑雪者的作用。滑雪者要了解指示标志的含义，以顺利、安全地进行滑雪运动。

滑雪场标志

（见图 1-2-1）。

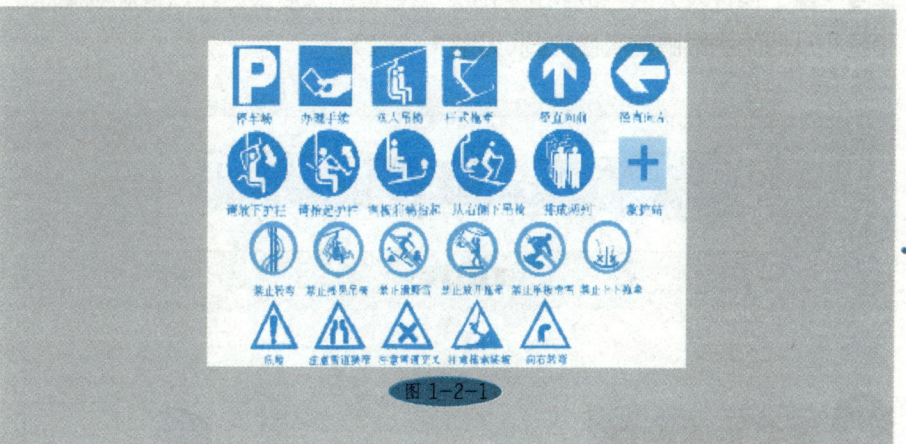

图 1-2-1

规格

回转、大回转场地

场地中至少有两条在自然山坡上修建的滑雪道，每条长度至少为 100 米，其中一条为初级滑雪道，供初学者使用。滑雪道的停止区须开阔平缓，初级滑雪道应能达到滑行者基本可以自然停止。

"U"形场地

"U"形场地坡度不得大于 15 度，双侧不能形成陡壁，周围 5 米之内不得有障碍物，终止区要开阔。

器材

单板滑雪运动对器材有较高的要求，主要器材包括滑雪板、滑雪板固定器和滑雪鞋等。

 滑雪板

初学者应选用刃较长、中间较宽、弧度小的滑雪板。这样的滑雪板滑行速度平稳，弹性较大且容易纠正错误。滑雪板的长度最好在从地面到肩膀的高度和从地面到眼睛的高度之间（见图1-2-2）。

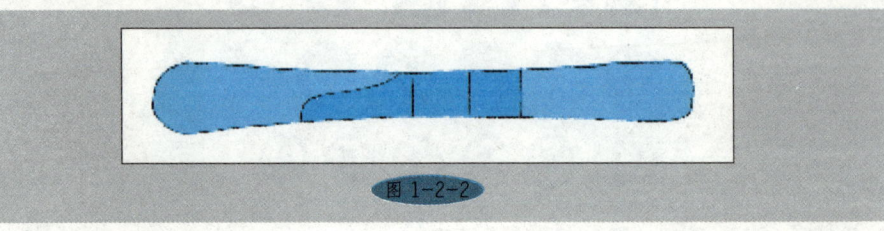

图1-2-2

 滑雪板固定器

初学者最好选用比较软的固定器，这样会感到更舒适，利于掌握滑行技术（见图1-2-3）。

图1-2-3

 滑雪鞋

滑雪鞋是否合脚直接影响着滑雪者技术水平的发挥。滑雪者在选择滑雪鞋时应多试穿，穿起来一定要舒适、合脚（见图1-2-4）。

图1-2-4

单板滑雪的装备包括滑雪夹克、滑雪裤、滑雪手套、滑雪帽、滑雪镜和护具等。

滑雪夹克

进行单板滑雪运动时应选择防水、防风、保暖、不妨碍行动又可减少风的阻力的滑雪夹克。滑雪夹克的衣袖长度，应以伸直手臂后长于手腕部位为宜，袖口应具有调节松紧的功能。

滑雪裤

滑雪裤应防水、防风、保暖、舒适。滑雪裤的长度应以蹲下后裤脚到脚踝部长度为宜。

滑雪手套

滑雪手套一般用天然皮革和合成材料制成，内层为保暖性好的不透水面料，可防止手被冻伤。此外，滑雪者应选择五指分开的手套，以便用手调整滑雪器材。

滑雪帽

滑雪帽分为针织滑雪帽和头盔，可根据自身的条件进行选择。针织滑雪帽以弹性较好的绒线帽为最佳，长度以能遮到耳朵为宜，要能紧贴头部及耳朵部位，这样即使剧烈运动也不易松脱。

滑雪镜

由于滑行中冷风对眼睛的刺激很大，而且雪地对阳光反射很强，所以滑雪者需要佩戴滑雪镜来保护眼睛。

护具

进行单板滑雪运动时，腕部、肘部和踝部较易受伤。对初学者来说，佩戴护腕、护肘和护踝等护具是十分必要的。

第二章 运动保健

体育运动对增强体质、预防疾病和促进健康具有良好的作用。但是,并非所有人从事相同的运动都会达到同样的效果。对于同一种运动负荷,不同人机体的反应差异是很大的,即使同一个体,在不同时期、不同机能状态下,对同一负荷的反应及效果也是不一样的。因此,对于不同个体,应制定适合其机能需要的运动强度、时间、频率和持续周期。从事体育锻炼一定要讲究科学性,使机体最大限度地获得运动价值,使某些疾病得到有效的防治。

第一节 自我身体评价

自我身体评价是指根据个体的不同情况以及简单的功能评定标准，对锻炼者进行身体评价，并以此为依据，确定具体的锻炼内容。

体适能是全身适应性的一部分，是人体精神和体力对现代生活的适应能力。为了促进健康，预防疾病，提高生活质量和工作学习效率，几乎所有人都可以追求健康的体适能，而且经过简单的评价和测试，均可以成为目标人群，即适宜人群。

 健康体适能评价标准

健康体适能是指身体有足够的活力和精力处理日常事务，而不会感到过度疲劳，并且还有足够的精力去享受休闲活动和应对突发事件。

健康体适能是确定锻炼者是否为运动适宜人群的主要依据。目前的评价标准主要包括国民体质测定标准、学生体质测定标准和普通人群体育锻炼标准等。

国民体质测定标准主要包括形态指标、机能指标和素质指标3个部分，各项指标的测定结果均为1~5分，共5个级别。凡各项指标达不到4分或5分者，均应被纳入健身人群。

学生体质测定标准分为优秀、良好、及格和不及格4个级别。优秀水平以下者，均应被纳入健身人群。

普通人群体育锻炼标准分为5个级别，凡达不到4分或5分者，均应被纳入健身人群。

简易运动功能评定

简易运动功能评定的目的在于确定运动对象有无运动禁忌症或临时运动禁忌的情况，即是否适合参加体育锻炼，以达到防备万一，避免意外事故发生的目的。目前通行的方式是3分钟踏台阶测试。

目的

测试锻炼者运动后心率恢复的情况，以评估其心肺功能。

器材 见图2-1-1

30厘米高的长凳、节拍器、秒表和时钟。

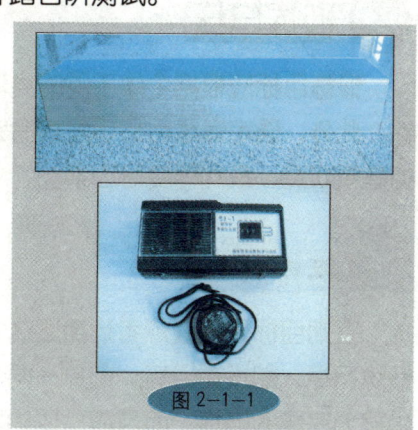

图2-1-1

步骤 见表2-1-1

（1）节拍器设定为每分钟96次，锻炼者依"上上下下"的节拍运动3分钟。

（2）锻炼者完成3分钟踏台阶后，5秒钟内开始测量其脉搏，时间为1分钟，记录其心率，并依据下表评价其功能水平。

（3）运动后心率越低，证明其心肺功能越好。在运动强度允许的范围内，锻炼者可选择运动强度的较高值来进行运动。

表2-1-1　3分钟台阶测试评价表

	年龄（岁）	欠佳（次）	尚可（次）	一般（次）	良好（次）	优异（次）
男士	18~25	>115	105~114	98~104	89~97	<88
	26~35	>117	107~116	98~106	89~97	<88
	36~45	>119	112~118	103~111	95~102	<94
	46~55	>122	116~121	104~115	97~103	<96
	56~65	>119	112~118	102~111	98~101	<97
	65+	>120	114~119	103~113	96~102	<95
女士	18~25	>125	117~124	107~116	98~106	<97
	26~35	>128	119~127	111~118	98~110	<97
	36~45	>128	118~127	110~117	102~109	<101
	46~55	>127	121~126	114~120	103~113	<102
	56~65	>128	118~127	112~117	104~111	<103
	65+	>128	122~127	115~121	101~114	<100

注意事项

如受试者经过努力仍无法完成测试，或出现头晕、胸闷、出冷汗等症状，应终止测试。运动中应特别考虑运动强度，以防出现意外。

锻炼目标应根据个体不同的身体状况来确定，可分为近期目标和远期目标。此外，确定锻炼目标还应结合锻炼者的运动意向、愿望和兴趣以及本人的健康状况、疾病程度等因素。

近期目标

近期目标是指锻炼者近期应达到的目标。在进行运动之前，应首先明确锻炼目标，即近期目标。选择一两个健康体适能构成要素，作为未来两个月内努力完成的目标，而且应从成功概率较高的构成要素开始，并将预期两个月后要达到的目标做上记号，如提高某个或某些关节的活动幅度，增强某个肌肉群的力量等。

远期目标

远期目标是指锻炼者最终要达到的目标。实践证明，经过科学合理的锻炼后，锻炼者是可以达到一般的远期目标的，如提高心肺功能，使其达到优秀的等级，或达到降血脂、防治高血压和冠心病的目的等。

运动负荷即运动量。怎样控制运动量，合适的运动时间是多少等，一直是人们争论不休的问题。但有一点是可以肯定的，那就是任何有关身体活动的意见和建议，都需要综合考虑锻炼者的身体状况和所要达到的目标，并以此为依据来制订科学的身体锻炼计划。

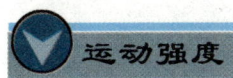

运动过程中,运动强度过小,达不到锻炼的效果;运动强度过大,不仅达不到最佳的锻炼效果,还可能产生一些副作用,甚至出现意外事故。确定运动强度有两种方法。

心率简易推测法

(1)年龄在 20 岁左右的年轻人,身体健康,能坚持体育锻炼,欲进一步提高身体机能,可取最大心率值(最大心率值=220-年龄)的 65%~85%。

(2)年龄在 45 岁以下,身体基本健康,有运动习惯者,开始进行健身锻炼,可取最大心率值的 65%~80%,没有运动习惯者,开始进行健身锻炼,可取最大心率值的 60%~75%。

(3)年龄在 45 岁以上,身体基本健康,有运动习惯者,开始进行健身锻炼,可取最大心率值的 60%~75%,没有运动习惯者,建议根据自身情况咨询专业人员来指导和确定运动强度。

主观感觉疲劳分级表推测法   见表 2-1-2

运动的疲劳程度大致分为 10 级,具体为:0~1 级,没感觉;2~3 级,尚轻松;4~5 级,稍累;6~7 级,累;8~9 级,很累;10 级,精疲力竭。因此,健身锻炼的运动强度应控制在主观感觉疲劳程度的 4~7 级。

表 2-1-2　主观感觉疲劳分级表

0 轻松	·	2 尚轻松	·	4 稍累	·	6 累	·	8 很累	·	10 精疲力竭

运动频率

运动频率是指每日及每周锻炼的次数。一般每周锻炼 3~4 次，即隔日锻炼 1 次即可。有充足的休息时间，可使身体得到充分的休息，收到更好的锻炼效果。

运动持续时间

运动强度和运动持续时间，决定了一次锻炼的运动量和热量消耗。运动持续时间与运动强度成反比，运动强度大，运动持续时间可相应缩短，运动强度小，则运动持续时间应相应延长。

一般的健身锻炼，运动持续时间以每天 20~60 分钟为宜，其中包括准备活动时间、健身锻炼时间和整理活动时间。每次健身锻炼应在 20 分钟以上，锻炼可一次性完成，也可分段进行，但每段的活动时间应在 10 分钟以上。

第二节 运动价值

运动价值一直是人们探讨的问题，一般认为运动具有两方面的价值，即健身价值和心理价值。身体和精神的健康是相互依存的，伴随着身体功能的改善，精神状况逐渐也能同时得到改善。

健身价值

健身价值在于提高体适能。体适能包括心肺耐力素质、肌肉力量素质、柔韧性素质和身体成分等。体适能的发展是积极从事锻炼的结果，只有规律性的体育锻炼才能达到最佳的体适能。

提高心肺耐力素质

心肺耐力是指全身肌肉进行长时间运动的持久能力，是体内心肺系统对身体各细胞的供氧能力。人体的心脏、肺、血管、血液等组织的功能是心肺耐力的基础，它们与氧气和营养物质的输送以及代谢物的清除有关。健全的心肺功能是健康的基本保证。

系统的体育锻炼，可以使心肌增厚，收缩力加强，心室容积增大，从而使心脏的泵血功能增强，表现为心血输出量增加。

系统的体育锻炼，呼吸系统机能也将得到提高，表现为呼吸肌的力量增强，肺活量、肺通气量明显增加，保证对机体供氧的能力。

系统的体育锻炼，可以促进血管系统的形态、机能和调节能力产生良好的适应力，从而提高机体的工作能力。

系统的体育锻炼，可以使血液系统产生某些适应性变化，如血容量增加、血黏度下降、红细胞膜弹性增强和红细胞变形能力增强等。

提高肌肉力量素质

肌肉力量是指肌肉最大收缩产生的对抗阻力或负荷的能力。肌肉力量只有达到一定的程度，才能克服外界阻力，而克服外界阻力是维持日常生活自理、从事各种劳动和运动的必要前提。

系统的体育锻炼，可以提高肌肉的生理横断面积，可以改善神经系统对肌肉收缩的支配功能，还可以提高肌肉内代谢物质的储备量，使肌肉力量得到提高。

提高柔韧性素质

柔韧性是指人体各关节的活动幅度，即关节的肌肉、肌腱和韧带等软组织的伸展能力。柔韧性对于保证正常生活质量、维持正常体态、预防损伤发生和减轻损伤程度等方面均起到至关重要的作用。

系统的体育锻炼，还可以延缓因年龄因素而导致的柔韧性下降，预防因缺乏运动而导致的关节结构、周围软组织和膝关节肌肉退化，从而使锻炼者的日常生活、劳动和运动等更加充满活力。

改善身体成分

身体成分是指人体体重中的脂肪组织和去脂组织的重量百分比。身体成分中的脂肪成分增加，肌肉成分必然下降。身体中不具备收缩功能的脂肪组织增加，必然导致身体进行各种活动的能力下降，基础代谢水平降低，肥胖症、冠心病、高血压、糖尿病、高血脂等慢性疾病发病率的提高。因此，身体成分是保证人体健康的重要内容之一。

通过系统的体育锻炼，随着锻炼者体质的增强，热量消耗便随之增加，进而燃烧掉体内多余的脂肪，使身体成分得到改善。而身体成分的改善，又可以减少体重对关节可能带来的不利影响，还可以使肥胖者的心理状况得到改善，增强其自信心，使其逐步建立起健康的生活方式。

心理价值

研究证明，有规律的体育锻炼不但可以使锻炼者增强体质、促进身体健康、预防一些慢性疾病，还可以提高锻炼者的生活满意度和生活质量，对其心理健康产生积极影响。

体育锻炼的心理健康效应主要表现在六个方面：

改善情绪状态

短期效应

研究发现，体育锻炼对人的情绪状态具有显著的短期效应。运动后人们的焦虑、抑郁、紧张和心理紊乱等症状会明显减轻，而精力和愉快程度则会明显增强。而且这种情绪的迅速变化，与锻炼者个体的健康状况、活动形式和活动强度等有着直接的联系。

长期效应

体育锻炼对人情绪的长期效应有着直接的影响，与不锻炼者相比，有规律的锻炼者在较长时期内很少会产生焦虑、抑郁、紧张和心理紊乱等情绪。

完善个性行为特征　见表 2-2-1

人们的行为特征一般可以分为两种类型，用 A 型行为特征和 B 型行为特征来表示。A 型行为特征主要表现为性情急躁、争强好胜、容易激动、整天忙碌和做事效率高等。B 型行为特征主要表现为不好竞争、不易紧张、不赶时间、对人随和、喜欢自由自在等。具有 A 型行为特征的人由于过度紧张的情绪反应，会引起内分泌失调，增加心脏病发病的概率。目前的一些研究主要集中在体育锻炼对改变 A 型行为特征的作用方面。研究结果表明，有规律的体育锻炼能明显改变 A 型行为特征。

表 2-2-1　A、B 型个性行为特征常见表现

A 型行为特征者常见表现	B 型行为特征者常见表现
约会从来不迟到	对约会很随便
竞争意识很强	竞争意识不强
别人要讲话时总爱抢先或插话	是别人讲话时很好的听众
总是匆匆忙忙	即使有压力也从不匆忙
等待时缺乏耐心	能够耐心等待
干事时全力以赴	处事漫不经心
同时想干很多事	在一段时间里只干一件事情
讲话喜欢用加强语气，甚至敲桌子	讲话语速缓慢、不慌不忙
做了好事希望能得到别人的认可	只要自己满意即可，不管别人怎样想
吃饭、走路都很快	做事情很慢
不善与人相处	为人随和
容易暴露自己的感情	能控制自己的感情
具有广泛的兴趣	没什么业余爱好
雄心壮志	满足于目前的工作和学习状况

确立良好自我概念

自我概念是指个体对自己身体、思想和情感的主观整体评价，它由许多自我认识组成，包括我是什么人、我主张什么和我喜欢什么等。

坚持体育锻炼，可以使锻炼者体格强健、精力充沛、提高驾驭身体的能力，从而改善对自身的满意程度，确立良好的自我概念。

改变睡眠模式

根据脑电图的显示,人的睡眠可以分为两种状态,即慢波睡眠状态和快波睡眠状态。前者为浅度睡眠状态,后者为深度睡眠状态。一夜之间两种睡眠状态会交替发生4～5次。

有规律的体育锻炼不仅对慢波睡眠有促进作用,而且能缩短入眠的潜伏期,并延长睡眠的时间。

改善认知能力

体育锻炼还能改善人的认知过程,避免反应时间过长、注意力不集中和思维混乱等症状的发生,尤其对老年人的认知能力改善效果更为明显。

增加心理治疗效应

体育锻炼被公认为是一种心理治疗的好方法。目前人群中常见的心理疾患是抑郁症和焦虑症。研究发现,体育锻炼是治疗抑郁症的有效手段之一,抑郁症患者经过有规律的体育锻炼,抑郁症状能明显减轻。

体育锻炼还具有治疗焦虑症的作用,通过有规律的体育锻炼,可以使锻炼者的焦虑症状明显改善。

第三节 运动保护

在运动过程中,人体机能会随时发生变化。因此,应针对这种机能变化的特点来进行体育锻炼,也就是我们所说的运动保护。运动保护一般包括运动前准备、运动后放松和自我养护三个方面。

运动前准备

准备活动是指在正式运动之前进行的有目的的身体练习。做好充分的准备活动，可以缩短机体进入最佳状态的时间，同时还可以预防运动损伤的发生，为机体发挥最大的工作效率做好功能上的准备。

准备活动的作用

提高中枢神经系统兴奋状态

（1）使大脑反应速度加快，参加活动的运动中枢神经相互协调。

（2）为正式运动时生理机能达到适宜程度提前做好准备。

提高机体代谢水平

（1）准备活动可以使锻炼者体温升高，降低肌肉黏滞性，使肌肉的伸展性、柔韧性和弹性增强，从而有效预防运动损伤的发生。

（2）准备活动可以增强体内代谢酶的活性，使物质代谢水平提高，以保证运动时有较充分的能量供应。

克服内脏器官生理惰性

（1）准备活动可以提高心血管系统和呼吸系统的机能水平，使肺通气量及心血输出量增加。

（2）可以使心肌和骨骼肌的毛细血管扩张，使其工作肌获得更多的氧，从而克服内脏器官的生理惰性，使之尽快达到最佳状态。

增加皮肤毛细血管的血流量

准备活动可以使皮肤毛细血管的血流量增加，运动后毛细血管扩张，有利于散热，降低体温，有效防止开始正式活动时由于体温过高而影响运动能力。

准备活动要求

准备活动时间

（1）准备活动的时间可以根据运动项目的具体情况确定，一般以10～30分钟为宜。

（2）准备活动与正式运动的间隔时间，一般以不超过15分钟为宜，可以在做完准备活动后立刻进行正式运动。

准备活动强度

（1）准备活动的强度和量应较正式运动小，以免引起不必要的疲劳。

（2）准备活动的量可以由心率来决定，心率以100～120次/分为宜。

准备活动内容

一般性准备活动

一般性准备活动的内容多以伸展运动开始，然后进行一般性的跑步、徒手体操等活动。

下面介绍一套常用的一般性准备活动操，供锻炼者运动前使用。这套活动操主要包括头部运动、肩部运动、扩胸运动、体侧运动、体转运动、髋部运动和踢腿运动等。

头部运动

头部运动的动作方法（见图2-3-1）：两手叉腰，两脚左右开立，做头部向前、向后、向左、向右，以及绕环运动。

图2-3-1

肩部运动

肩部运动的动作方法（见图 2-3-2）：手扶肩部，屈臂向前、向后绕环，以及直臂绕环。

扩胸运动

扩胸运动的动作方法（见图 2-3-3）：屈臂向后振动及直臂向后振动。

体侧运动

体侧运动的动作方法（见图 2-3-4）：两脚左右开立，一手叉腰，另一臂上举，并随上体向对侧振动。

体转运动

体转运动的动作方法（见图 2-3-5）：两脚左右开立，两臂体前屈，身体向左、向右有节奏地扭转。

髋部运动

髋部运动的动作方法（见图 2-3-6）：两脚左右开立，两手叉腰，髋关节放松，向左、向右 360 度旋转。

图 2-3-2

图 2-3-3

踢腿运动

踢腿运动的动作方法（见图 2-3-7）：两臂上举后振，同时一腿向后半步，重心置于前腿，两臂下摆后振，同时向前上方踢腿。

图 2-3-4

图 2-3-5

图 2-3-6

图 2-3-7

专门性准备活动

专门性准备活动的动作方法、节奏和强度等与正式锻炼相似，目的是使人体主要肌群在运动前得到动员，为正式锻炼做好准备。

运动后放松

运动后放松是指运动之后所进行的一些能够加速机体功能恢复的、较轻松的身体活动。与运动前准备活动相反，其目的是使锻炼者的生理机能水平逐步得到恢复。

放松方法

运动性手段

（1）运动结束后，锻炼者可采用变换运动部位的方法来消除疲劳，如上肢出现疲劳时可做一些慢跑运动，下肢出现疲劳时可做一些上肢运动。

（2）转换运动类型也是一种不错的放松方法，如打羽毛球出现疲劳时，可从事瑜伽运动来达到放松的目的。

（3）还可以用调整运动强度的方法来缓解疲劳，如可以在放松过程中，采用小强度的轻微运动方法等。

整理活动　见图 2-3-8

（1）整理活动是指运动后所做的一些能够加速机体功能恢复的身体活动，如剧烈运动后进行 3～5 分钟慢跑或其他整理活动，使身体机能得以恢复。

（2）剧烈运动后如不做整理活动而骤然停止动作，会影响氧气的补充和静脉血的回流，使机体血压降低，引起不良反应。

图 2-3-8

 注意事项

（1）在进行整理活动时动作应缓慢、放松，运动量不要过大，否则会引起新的疲劳。

（2）在进行整理活动时，应当保持心情舒畅、精神愉快。

 自我养护

锻炼后，锻炼者感觉身体疲劳是一种正常的生理现象，是体育锻炼过程中的正常反应，随着体育锻炼时间的延长，疲劳症状会自然消失。运动性疲劳出现后，锻炼者如果采用一些自我养护措施，可以加速身体机能的恢复，尽快消除疲劳，提高锻炼效果。常见的自我养护方法主要包括运动后休息、合理营养和物理手段等三种。

 运动后休息

静止性休息　见图 2-3-9

（1）静止性休息是指锻炼者运动后保持机体相对的静止状态，以促进身体机能的恢复，尽快消除疲劳。

（2）静止性休息的最佳方式之一是睡眠，特别是刚开始从事锻炼者，身体不适应或疲劳症状明显时，更应该保证足够的睡眠，否则，锻炼者虽然积极参加了体育锻炼，但收效甚微，甚至会导致过度疲劳症状的发生。

（3）静止性休息更适合于消除全身运动导致的整体疲劳症状。

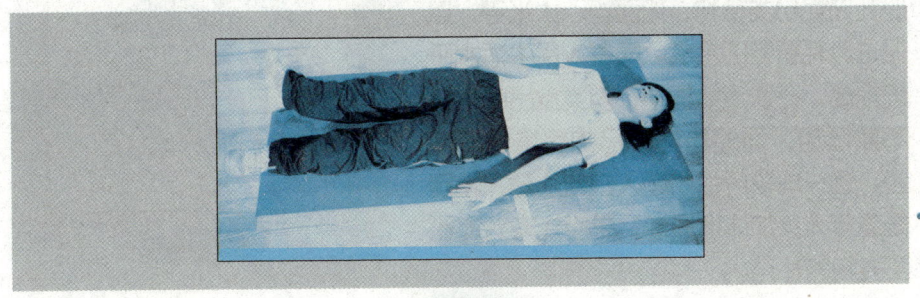

图 2—3—9

积极性休息　见图 2—3—10

（1）积极性休息更适合由于少量肌肉群参与工作而导致的局部疲劳，或运动强度较大而导致的快速疲劳。

（2）积极性休息可以加速血液循环，有利于代谢物排出体外，对促进身体机能的恢复具有明显的效果。

图 2—3—10

合理营养 见图2-3-11

小强度、长时间的运动形式，主要是靠糖原的有氧代谢提供能量。运动后应及时补充淀粉类食物，如面粉、大米等，以促进消耗糖原的合成。随着人民生活水平的提高，在饮食结构中，肉类食品的比重不断增加，而淀粉类食品的比重逐渐减少，这一现象应当引起人们的注意，特别是老年人参加体育锻炼，更应注意对淀粉类食物的补充。

图2-3-11

强度较大、时间又相对较长的运动形式，主要是靠糖原的无氧代谢提供能量。这样，糖原无氧代谢产物——乳酸便会在体内大量堆积。因此，运动后应多补充蔬菜、水果等碱性食品，以加速乳酸的清除，达到尽快消除疲劳的目的。

物理手段

按摩及牵拉 见图2-3-12

(1)通过刺激神经末梢、皮肤结缔组织和毛细血管的按摩方法，可以使紧张的肌肉得以放松，从而改善局部组织和全身的血液循环，达到促进身体机能恢复的目的，这种方法可以在锻炼后马上进行。

(2)此外，还可以采取缓慢牵拉肌肉的方法，使收缩的肌肉得到充分的伸展放松。

水疗及电疗

(1)水疗包括芬兰式蒸汽浴、热水浴和桑拿浴等多种形式，主要作用是通过提高体温，促进血液循环，清除代谢物，以达到尽快消除疲劳、恢复体力的目的。

(2)水疗的时间一般以不超过30分钟为宜，如果时间过长，会进一步消耗体力，严重时甚至会出现暂时性脑缺血现象。

(3)如果条件允许,还可对疲劳的肌肉进行低频治疗。低频治疗仪的原理是模拟针灸疗法,使用时将电极用不干胶对称地粘贴在运动部位表皮上。这种疗法可以促进局部血液循环,改善组织代谢,缓解肌肉酸痛,消除疲劳。

图 2-3-12

第三章 基本技术

学习单板滑雪先要学习单板滑雪的基本技术。在此介绍单板滑雪的基本姿势、导入技术、滑降技术等内容。

第一节 基本姿势

学习单板滑雪的基本姿势是掌握单板滑雪的基础，包括确定前后脚和基本身体姿势。

在滑单板时人是侧身站在滑雪板上，因此哪只脚在前是举足轻重的。对于初学单板滑雪的人来说，先要确定的是左脚在前还是右脚在前。

通常情况下，多数人是左脚在前、右脚在后，但也有人右脚在前、左脚在后，这主要取决于哪只脚在前更容易控制。

开始时应该选择较有力的一条腿在后面控制方向。如果你不确定自己应该哪只脚在前哪只脚在后，以下是几个测试的小方法：

(1)打篮球时轻松上篮使用的起跳脚或足球罚点球时的踢球脚，在后；

(2)通常打网球或羽毛球时与持球拍手同侧的脚，在后；

(3)与打高尔夫挥杆或打棒球挥棒时前后脚的站立姿势一样；

(4)想象在冰面上跑动后急停侧身滑行，这时脚的前后动作和单板上是一样的；

(5)让朋友在滑雪者不知道的情况下，从身后轻轻推滑雪者一下，先跨出去的那只脚应在后面。

动作方法 见图3-1-1

(1)眼睛要一直注视前进的方向；

(2)肩膀放松，肩、胸、髋朝向目标方向；

(3)手臂自然向前抬起，保持平衡，前臂指向前进方向。

技术要点

（1）膝放松，略屈；
（2）重心保持在前脚。

图 3-1-1

第二节 导入技术

本节从借助机械力上山、单脚固定、双脚固定和安全倒地与站起等方面对导入技术进行介绍。

借助机械力上山

为了保持体力，长距离上坡要借助机械。在选择缆车或拖牵之前，要先掌握平推和斜滑降等基本滑行技术。各雪场向上输送的形式各有不同，常见的运送方式有传动带、拖牵和缆车。

传动带

常用于坡度较缓的初级雪道，类似于传动电梯。

动作方法

滑雪者雪板与传动方向平行，站立在传动带上。上下传动带时，不要着急，注意平衡。

技术要点

站稳重心，保持平衡。

拖牵

腿夹式

 动作方法　见图 3-2-1

（1）板头指向前进方向，站在输送雪道上，在拖杆快到身边时，回头注视拖杆的运行，用手抓住拖杆，并顺势将它放在两腿中间的防滑垫上，注意重心不要向后，尤其不要向后坐；

（2）膝关节放松，时刻准备应对各种不同的雪况；

（3）快到终点时，身体略下蹲，或拉伸拖杆，将拖杆从两腿间拿出来，然后松开手，单脚蹬离拖牵路线。

 技术要点

（1）要注意身体放松，保持平衡，不能向后坐，臀部或腰部伸直，保持一定的紧张度，在拖牵快到时，使拖杆横于腰或臀后部，手扶拖杆，保持平衡；

（2）在乘用各种拖索道的运行途中，应保持平稳。内侧的手可以扶住运转的钢绳或握持拉杆，但不要乱动。如果失去平衡，用后脚控制、调整，然后再放到板上。如果摔倒，应尽快离开拖牵路线，以免影响他人。如果中途跌到，应立即躲开滑道，不致绊倒后来者。

图 3-2-1

托臀式（托腰式）

动作方法

（1）使用托臀式（托腰式）拖杆要保持身体放松，板头指向前进方向，站在输送雪道上，在拖杆快到身边时，回头注视拖杆的运行，用手抓住拖杆，并顺势将它放在臀部或腰部，注意，重心不要向后，尤其不要向后坐；

（2）膝关节放松，时刻准备应对各种不同的雪况，如果失去平衡，用后脚控制、调整，然后再放到板上。如果摔倒，尽快离开拖牵路线，以免影响他人。快到终点时，身体略下蹲，或拉伸拖杆，将拖杆从两腿间拿出来，然后松开手，单脚蹬离拖牵路线。

技术要点

（1）使用托臀式（托腰式）拖牵的要点与腿夹式拖牵相同，要注意身体放松，保持平衡，不能向后坐，臀部或腰部伸直，保持一定的紧张度，在拖牵快到时，使拖杆横于腰或臀后部，手扶拖杆，保持平衡；

（2）在乘用各种拖牵索道的运行途中，应保持平稳，内侧的手可以扶住运转的钢绳或握持拉杆，但不要乱动，如果中途跌到，应立即躲开滑道，不致绊倒后来者；

（3）下乘时应缓慢、平稳地松开把柄或拉杆，接着外侧雪板向外跨出，内侧雪板随之离开索道。索道终点区有斜坡，应迅速顺势滑走。

缆车

使用缆车时要听从工作人员的指挥。先将滑雪器材及服装类物件穿好、戴好，防止乘坐时物件掉落。乘坐封闭式缆车通常要求脱下雪板，纵向手持雪板，步行上下缆车。目前，国内雪场基本使用开放式缆车。

动作方法 见图 3-2-2

（1）依次排好队，乘坐前在上车区站稳，身体朝向山上，上缆车时，前一个缆车的座椅在前方掠过后，迅速移动到乘坐区，回头向外侧看，用手抓住座椅，确保在椅子上坐稳，面向前方，抬起板头；

（2）缆车将身体向上抬起时，可以调整重心，舒服地靠在椅背上，并放下安全杆，一般安全杆下面都有脚踏杆，可以将雪板放在上面休息，抬起安全杆时，可以将雪板放在后脚面上，减轻板的重量及摆动对前脚的压力；

（3）接近索道下站前，应将雪板抬离踏板，板尖上抬，打开护栏，要特别注意防止雪板别住吊椅。由于索道终点区的地形不同，下乘的具体方法也随之不同，雪场会有专人在此协助下乘和离开现场。一般情况下，下乘时，身体向前离开吊椅，接着雪板着雪面，迅速滑出索道终点区。如果在下车时跌倒，不要慌张，应迅速离开，防止后来者推挤。

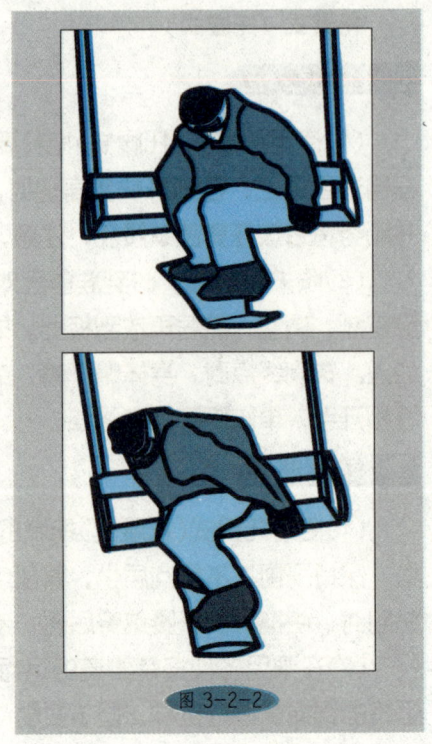

图 3-2-2

技术要点

（1）在索道运行的过程中，应保持平稳，不能晃动，保管好随身的物件，防止从缆车掉下；

（2）在缆车快要到达下车区时，身体向前坐，板头略抬起指向前方，后脚置于防滑垫处；

（3）将要接触到雪时，双手扶座椅，使身体呈单板滑雪准备姿势。注意重心向前，身体不要向后倾。缆车的座椅会轻轻向前推出去。这时滑雪者就可以使用前面练习过的单脚滑行动作，后脚位于防滑垫上，用脚趾或脚跟逐渐增加压力，使其慢慢转身并减速停下来。如果这时摔倒，要马上起身并移到安全区域。

单脚固定

登行

动作方法 见图 3-2-3

（1）站立，把脚的一半压在板上，一半放在雪上，以免板子滑动；

（2）穿滑板的脚在另一只脚的后面，以脚趾侧的钢边卡住雪面；

（3）两脚交互支撑，不要走太快，以免滑板和脚互撞；

（4）若是两脚都穿上了滑板，可用蛙跳或其他跳跃方式向上登行。

技术要点

（1）重心在前脚上，要体会穿着滑雪板的感觉，逐渐熟悉并适应这种感觉，使滑雪板成为身体的一部分；

（2）将前脚固定在板上，另外一只脚踩在防滑垫上，靠近后脚的固定器；

（3）保持运动姿势：面向前方，与板头同一方向，胸部也要朝向同样的方向，想象双手和双臂在前面保持平衡，双膝略屈，将身体 60%～70% 的重量置于前脚。

图 3-2-3

 单脚滑行

动作方法 见图 3-2-4

（1）穿着滑板的脚在前，以后脚推雪；
（2）双眼注视前方，保持身体平衡；
（3）滑板在向前滑动时，后脚可置于滑板的后鞋套前。

技术要点

（1）后脚置于雪板趾尖侧板刃前方，将前脚脚跟板刃抬起，感觉脚趾板刃并施以一定的力，使滑雪板成为身体的一部分；
（2）最初可以用前脚抬起滑雪板，然后分别用板头和板尾接触雪面；
（3）熟悉后，用前脚带雪板向前滑，小步向前或向后移动，将雪板抬起，转身，可以将雪板扣起后按适合自己的角度转动，尝试抬起雪板，转动180度。

图 3-2-4

方向变换

动作方法 见图 3-2-5

（1）把惯用的前脚套在固定器里，用另一只脚滑，然后活动脚收回放在近后脚的固定器上；

（2）单脚套在固定器里的滑行或转弯在等缆车或是下缆车时均会用到，必须熟练地把板子转成与坡垂直的状态，用脚趾边的板子去踏雪，然后往上走。

技术要点

（1）以未着雪板的脚为支点，转动已穿套滑板的脚，移到欲前往的方向；

（2）以脚趾侧的钢边来卡住滑板，以控制滑板。

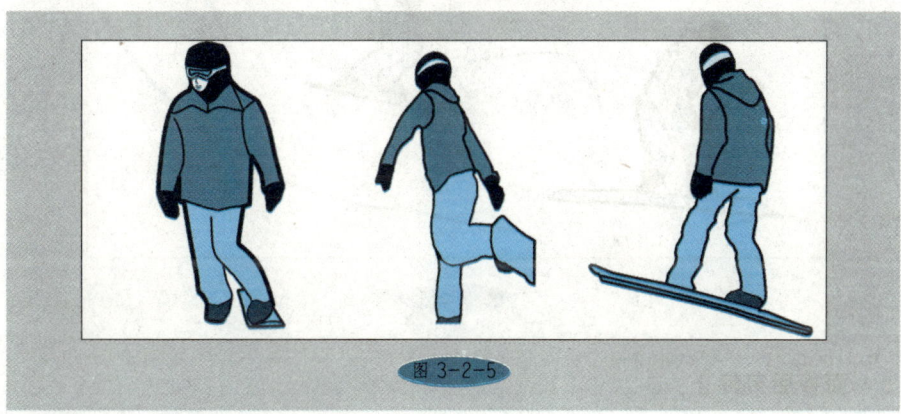

图 3-2-5

单脚滑行的停止

面山前刃停止

动作方法 见图 3-2-6

（1）滑板直滑而下，后脚站在滑板中间偏后的位置，双手平举辅助平衡；

（2）身体压低，膝盖弯曲压低重心，后脚的脚趾顺势向后拉，将滑板速度减慢刹车；

（3）头转向后看着下方。

❄ **技术要点**

（1）重心放低、膝关节前顶；
（2）滑行距离不要太长。

图 3-2-6

面谷后刃停止

❄ **动作方法** 见图 3-2-7

（1）滑板直滑而下，后脚站在滑板中间偏后的位置，双手平举辅助平衡；
（2）身体压低，膝盖弯曲压低重心，后脚的脚跟顺势向前推，将滑板速度减慢刹车。

❄ **技术要点**

重心放低，身体保持平衡，滑行距离不要太长。

图 3-2-7

双脚固定

在一块比较平坦的雪地，双脚固定在雪板，重心位于两脚之间，两脚分别向雪板两侧用力扭动，逐渐将重心移到前脚或后脚。

基本站姿

动作方法 见图 3-2-8

（1）膝盖弯曲，保持最大的弹性，双手平举，辅助平衡；

（2）上半身同样应保持最大的弹性，配合滑板动作，做出必要的反应姿势；

（3）转身屈膝并左右转动。

图 3-2-8

技术要点

(1) 最初双脚固定比较难掌握平衡，建议先在有扶手的地方逐渐体会双脚固定的平衡动作；

(2) 低站姿可应用在转弯及需要降低身体重心的情况；

(3) 使上半身、腰、膝盖弯曲，一定要保持全身关节的弹性；

(4) 目视前方，双手抬起于腰前、指向前方，膝略屈，重心略向前倾；

(5) 屈膝向下加重，然后腿伸直，向上减重，身体重心略向前。

双脚固定移动

上身左右转动

动作方法 见图 3-2-9

(1) 前后移动重心，双脚固定体会侧刃；

(2) 向坡上进行短距离移动时，也可以四肢配合向上移动，双手先向前伸，支撑，使双脚向上跟进。

技术要点

主要靠双手和趾尖侧板刃配合前行。

图 3-2-9

双脚着雪板之方向变换

动作方法 见图 3-2-10

上半身躺下，用腰力转动雪板，如果腰力不够，可以双手抱住一侧大腿，以被抱住腿的脚为主，以手力协助转动滑板。

技术要点

（1）双脚固定移动通常需要消耗较多能量，一般只适用于短距离移动；

（2）平地短距离移动时，可以使板头指向前进的方向，双脚向前摇动，使雪板先向前移动，然后身体向前跟进。

图 3-2-10

跳转之方向变换

动作方法 见图 3-2-11

压低身体，为原地跳跃助力，跳跃时，上半身先转动，以带动滑板转向。

技术要点

同"双脚着雪板之方向变换"。

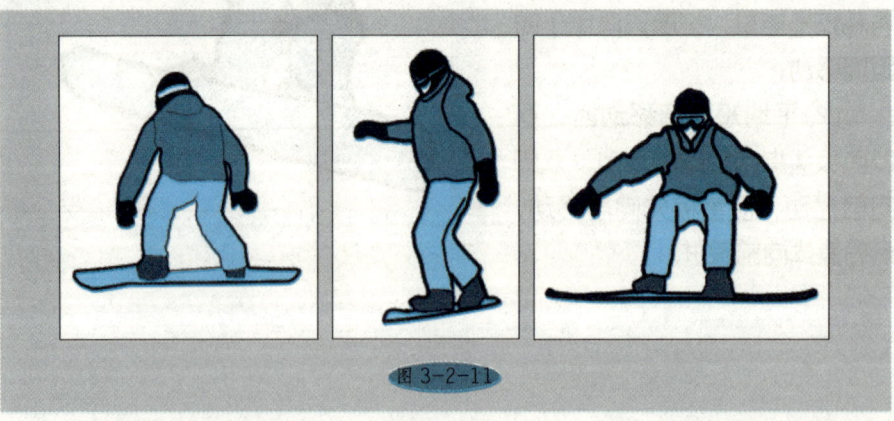

图 3-2-11

 **安全倒地与站起**

掌握安全倒地与站起技术，可以在滑行过程中少受损伤。

 安全倒地

面山安全倒地

动作方法 见图 3-2-12

趾尖侧（向前）面向山坡倒地，要采用双膝、双拳着地。

技术要点

面山倒地膝盖先着地，接着将双拳置于胸前撑地，将冲击的力量依膝、肘、拳渐次散去。

图 3-2-12

面谷安全倒地

动作方法 见图 3-2-13

面谷倒地时，不要用手撑地，要用双肘置于胸前或前臂主动落地并顺势向外伸展。

技术要点

面谷倒地时，臀部先着地（臀部一定要穿戴护具），依臀、腰、手的顺序，渐次将力量散去。

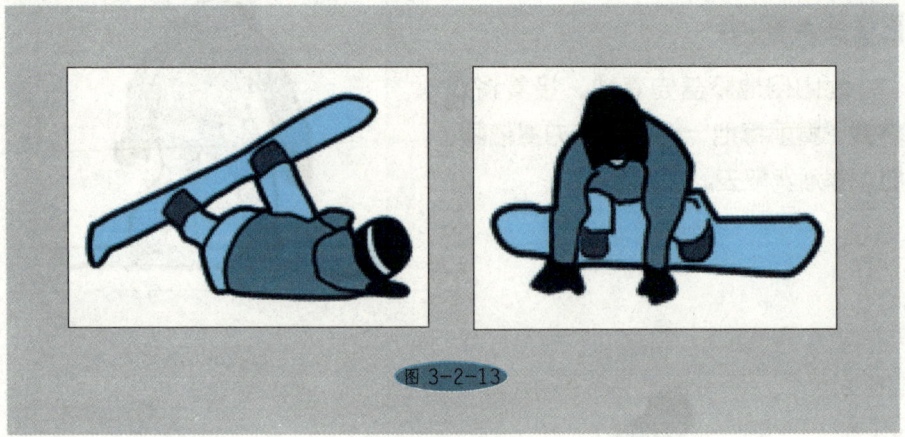

图 3-2-13

 站立法

面山站立法

动作方法 见图 3-2-14

（1）跪变为坐（脚趾侧板刃换到脚跟侧板刃），往前趴下，膝盖弯曲，把板子举起，上半身翻过来躺，坐起；

（2）以手为支撑，下半身先起；

（3）手离地至完全站立。

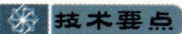 **技术要点**

板刃应卡住雪，将力用在前脚掌，站稳，膝关节弯曲。

图 3-2-14

面谷站立法

动作方法 见图 3-2-15

（1）坐变为跪（脚跟侧板刃换到脚趾侧板刃），向后躺下，大腿抬高，把板子举高，上身随板子翻过来呈趴着的姿式；

（2）以脚跟侧面的钢边及臀部顶地，以手为支撑，下半身先起；

（3）手离地至完全站立。

技术要点

身体和手为支撑,下半身一起用力。

图 3-2-15

第三节 滑降技术

滑降技术包括横滑降、斜滑降、左右横滑降、连续滑半圆、降速与停止等。

横滑降(推雪)

横滑降技术包括前刃推雪和后刃推雪两种。

前刃推雪

推雪（前刃）：就是学习如何利用板子的前刃在滑降时进行控制。推雪是一种简单的沿滚落线下降的滑行技术。这个技术可控制滑雪板，并在下行时充分运用板刃。

动作方法 见图 3-3-1

（1）先要在一块缓坡上进行学习，脚应绑在滑雪板的固定器里，然后，面向山上方向，滑雪板与滚落线垂直，双腿应当弯曲直到触碰到地面，保持身体平衡；

（2）跪在地上的时候，将前刃深插入雪中，这样可以在继续其他动作前保持稳定，将双手插入雪中来支持上身；

（3）用前刃支撑身体站起来，双手放在身体两侧并向身体内收，当慢慢从地上站起来时，用手来保持身体平衡，接下来，稳稳地伸展双腿并尝试站立，保持身体平衡并确保滑雪板前刃卡住雪；

（4）尝试着站起来，这个动作虽然很难做，但通过练习是可以实现的，只要当滑雪板用前刃卡住雪的时候，就能找到可以保持平衡并直立的姿势；

（5）了解如何利用前刃来控制滑雪板以及下山的速度，当减小前刃与斜

图 3-3-1

坡的角度时，下山的速度将增加，持续地增大滑雪板前刃与斜坡的角度就可以一直减速；

（6）缓缓地压低身体，保持滑雪板的前刃卡住雪，将双手放在起支撑作用的身体上。

技术要点

（1）上身正直，目视前进方向，重心置于板中央脚跟侧板刃，保持正确的站姿，脚尖慢慢放下，向下滑下，脚跟慢慢抬起，速度减慢或停止，要小幅度、频繁地控制脚尖，注意正面直线下滑时，要保持重心在两脚之间；

（2）板刃角度小，向下滑行速度快，板刃角度略大，滑行速度变慢，更大的板刃角度将使滑行停止。但静止不动时很难保持平衡，建议降低板刃角度继续向下滑行或坐下。

后刃推雪

动作方法　见图 3-3-2

（1）推雪是沿着斜坡的滚落线进行有控制的滑行，先在一个缓坡上进行学习，脚应绑在滑雪板的固定器里，然后，面向山下方向坐在地上，双腿应当弯曲而滑雪板应该保持后刃卡住雪，同时保持身体平衡；

（2）将后刃深深地插入雪中，这会使得在继续其他动作前，保持稳定的位置，将双手插入雪中来支撑上身；

（3）把双手向身体靠近，当慢慢从地上站起来时，用手来保持身体平衡，将体重均匀分散在膝盖上来帮助保持平衡；

（4）最后，尝试着站起来，虽然这个动作很难做，但通过练习还是可以实现的，用单板的后刃支撑站起来，保持平衡并保持直立的姿势；

（5）可以通过减小后刃与斜坡间的角度来获得更快的速度，尝试着增大滑雪板的后刃与斜坡间角度，这样可以减速，持续地增大滑雪板的后刃与斜坡间角度就可以一直减速，很快就可以停下来；

（6）缓缓地压低身体的同时，保持滑雪板的后刃可以卡住雪，将双手放在地上支撑身体。

技术要点

（1）上身正直，目视前进方向，重心置于板中央脚跟侧板刃，保持正确的站姿，脚尖慢慢放下，向下滑，脚尖慢慢抬起，速度减慢或停止，要小幅度、频繁地控制脚尖，注意正面直线下滑时，要保持重心在两脚之间；

（2）板刃角度小，向下滑行速度快，板刃角度愈大，滑行速度愈慢，更大的板刃角度将使滑行停止；

（3）静止不动时很难保持平衡，建议降低板刃角度继续向下滑行或坐下；

（4）如果重心不是平均分布在两只脚上，雪板将会沿斜线向下滑行甚至转弯；

（5）掌握了正面直线横推下滑后，逐渐将重心移向左腿或右腿，同时手臂指向左前方或右前方，初步体会斜向横推下滑。

图 3-3-2

斜滑降是在下坡滑行时控制速度并保持平衡的技术。当缓缓下行时，斜滑降可以帮助滑行者穿过滚落线。这其实就是在斜坡横向滑行，把滑行者从斜坡的一侧慢慢带到另外一侧，可以通过两种方法完成横滑，这取决于滑行者的位置以及使用的板刃。斜滑降包括前刃横滑降和后刃横滑降等。

动作方法 见图 3-3-3

（1）斜滑降中使用脚跟后刃，向欲滑行的方向看，这是进行斜滑时必须注意的一项重要内容，伸展双臂保持身体平衡；

（2）转动头以及上身指向前进方向，把重心尽量向引导主力脚上移动，并与另一只脚同时移动，记住要保持板与雪道所呈的角度，但只需要保持很小的角度；

（3）穿过滚落线，把板子调整到起始的位置，准备向斜坡的另一侧运动，目视滑行方向；

（4）用后刃完成斜滑，这样可以控制速度、方向以及提高平衡感，确保在尝试其他滑雪板练习前，自如完成横滑（前刃和后刃）。

滑降技术

图 3-3-3

051

技术要点

（1）向滑行的方向看，这是进行斜滑时必须注意的一项内容；

（2）伸展双臂保持身体平衡，转动头，上身指向前进方向，把重心尽量向引导主力脚上移动；

（3）板刃角度小，向下滑行速度快，板刃角度愈大，滑行速度愈慢，更大的板刃角度将使滑行停止，但静止不动时很难保持平衡，应降低板刃角度继续向下滑行或坐下；

（4）掌握了斜滑降的方法，滑行者可以从较陡的坡上减速安全滑下，也可以在此基础上学习更多的技术。

斜滑降（前刃）

 动作方法　见图3-3-4

（1）在横滑降中使用前刃，目视滑行的方向，伸展双臂保持身体平衡；

（2）转动头以及上身朝向前进的方向，把重心尽量向引导主力脚上移动，并与另一只脚同时移动；

（3）穿过滚落线，把板子调整到起始的位置，准备向斜坡的另一侧运动，目视滑行的方向；

（4）转动头以及上身向前进方向，把重心尽量向引导主力脚上移动，并与另一只脚同时移动。记住，要保持板与雪道所呈的角度，但只需要保持很小的角度。

图 3-3-4

技术要点

（1）脚跟侧板刃一定不能碰到雪，此时如果卡雪会摔得很重；

（2）重点体会脚趾侧板刃，以及板刃角度对速度的影响；

（3）屈膝、脚趾向下压，板刃角度略大，滑行速度变慢，更大的板刃角度将使滑行停止。

左右横滑降（落叶飘）

动作方法 见图 3-3-5

（1）开始时，与前刃横滑动作相同，目视滑行方向，略伸展臂膀保持身体的平衡，将重心落在前脚上；

（2）穿越斜坡的滚落线，用前刃保持身体平衡，保持一个相对较大的横滑角度，当到达雪道的最远端时，立即停止运动，只要雪板恢复到原来与滚落线垂直的角度就可以停下来；

（3）用前刃站立保持平衡，不要翻身或者用后刃横滑，转动头并从肩膀上看过去，使重心逐渐移向后脚，再穿过雪道横滑回来；

（4）保持与斜坡呈一个很小的角度，同样，确保用前刃站立，当到达斜坡的另一端时，转换重心和方向，用滑雪板的前端滑行并继续用前刃做横滑；

（5）重复这个过程直至达到理想的效果。

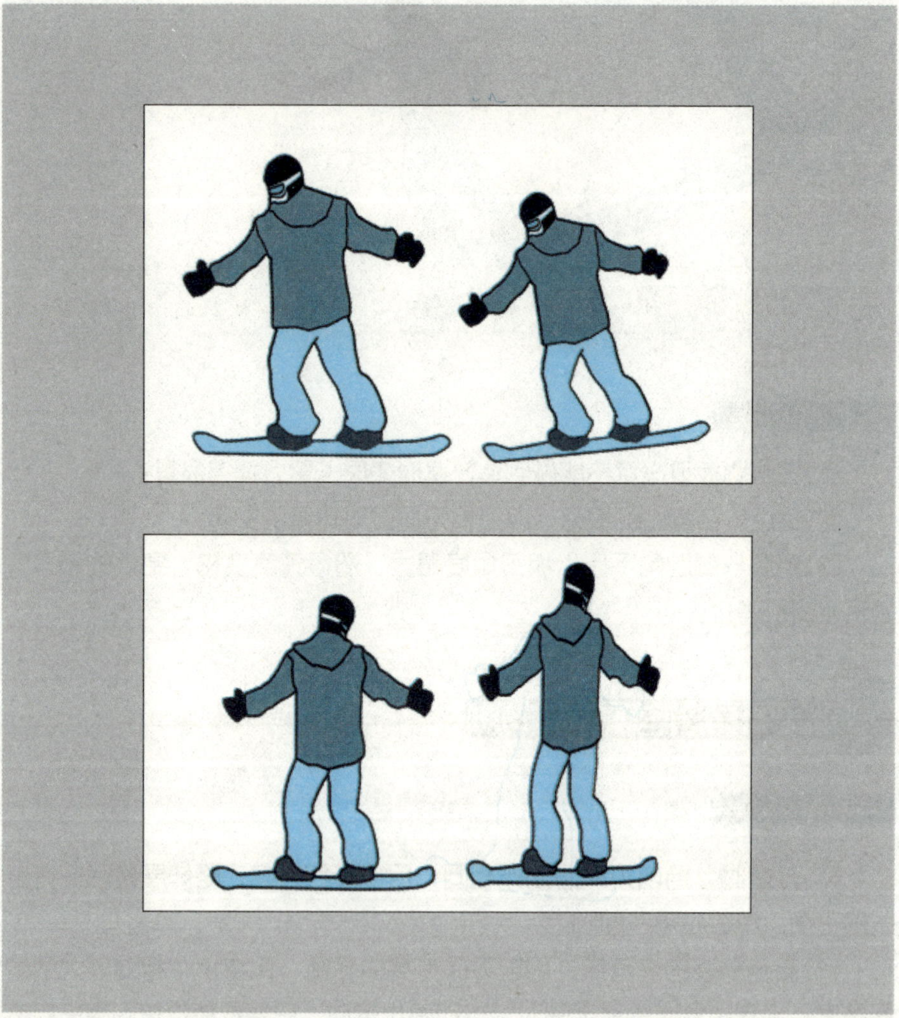

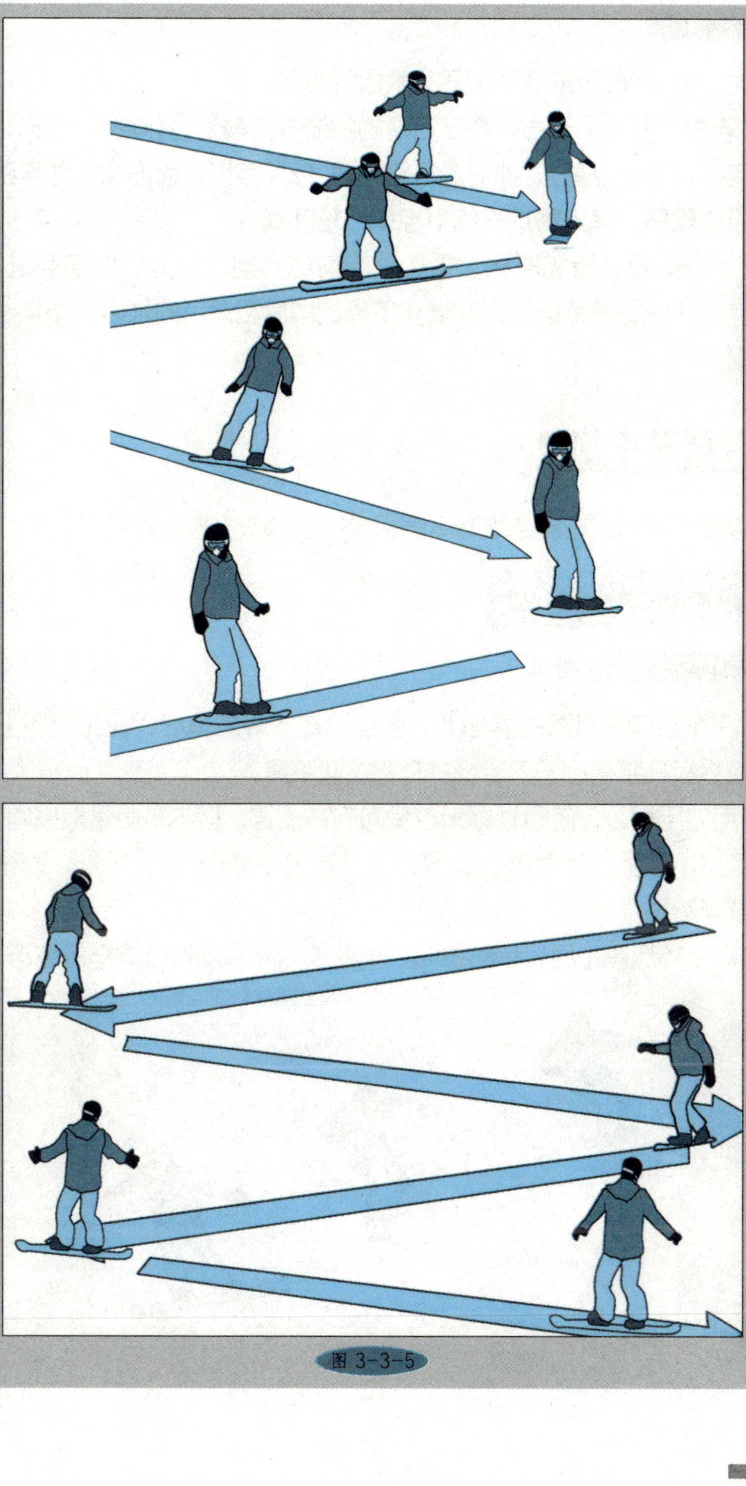

图 3-3-5

滑降技术

技术要点

（1）分别进行前刃斜滑降和后刃斜滑降练习；

（2）掌握了斜向下滑后，将左右两侧的滑降交替进行（向左、向右，再向左、再向右，如此交替），此时滑行路线像"z"字形，因连续的动作路线像树叶在空中飘落，有人将这一练习称作"落叶飘"；

（3）上身挺直，膝盖略屈，重心移向前进方向，目光也注视前进方向，手臂指向同一侧，熟练以后逐渐增加下降的角度和滑行的长度，继续进行同样的练习。

连续滑半圆包括左右连续滑半圆和单向连续滑半圆两种技术。

左右连续滑半圆

动作方法 见图3-3-6

（1）在左右横推滑降的基础上，继续增加下降的角度，保持使用上坡的板刃，使雪板几乎平行于下滑线并开始加速下滑；

（2）用力压板刃，使雪板逐渐改变方向并减速，但不是使雪板横向停止，而是继续向山坡上方转变停止，滑行路线不是单纯的"z"字形，而是一个月牙形或半圆形；

（3）向上转弯停止后，转移重心，再继续向另一侧进行同样的练习。

图3-3-6

技术要点

(1)应分别进行脚跟侧和脚趾侧练习；

(2)向前、侧面及上下移动身体重心；

(3)转动上半身、移动重心来带动滑行。

单向连续滑半圆

动作方法　见图3-3-7

(1)滑雪者穿越下滑线滑半圆，接近停止时，起身向前，板略放平，逐渐接近下滑线，开始加速下滑；

(2)压板减速，继续朝同一个方向滑半圆，每次单向连续滑3～4次，然后换另一个方向（倒滑）或换另一侧板刃。

技术要点

(1)应分别进行脚跟侧和脚趾侧练习；

(2)向前、侧面及上下移动身体重心，转动上半身、移动重心来带动滑行；

(3)这个练习对转弯有很大帮助。

图3-3-7

降速与停止

单脚滑行加停止练习的坡度最好在5度以下，包括面山后刃横降停止和面谷前刃横降停止。

面山后刃练习

动作方法 见图3-3-8

（1）滑板直滑而下，后脚站在滑板中间偏后的位置，双手平举辅助平衡；

（2）身体压低，膝盖弯曲，降低重心，后脚的脚趾顺势向后拉，将滑板速度减慢；

（3）头转向后，看着下方，滑行距离不要太长。

图3-3-8

技术要点

（1）身体略转向谷，眼睛注视后方；

（2）两脚掌前端施力（脚趾处），及时调整出力，使雪板下滑速度减慢；

（3）两手略张开辅助平衡，身体略弯保持弹性，以保持最大的稳定性；

（4）停止时，压低身体，弯曲膝盖，脚掌前端逐渐加压用力，让雪板速度减慢而停住。

面谷前刃练习

 动作方法　见图3-3-9

（1）滑板直滑而下，后脚站在滑板中间偏后的位置，双手平举辅助平衡；

（2）身体压低，膝盖弯曲，降低重心，后脚的脚跟顺势向前推，将滑板速度减慢；

（3）滑行距离不要太长。

技术要点

（1）雪板朝山谷方向直滑而下；

（2）后脚脚跟逐次加压，使雪板转横回山。

图3-3-9

刹停

动作方法 见图3-3-10

（1）遇有紧急情况，后脚迅速压板刃，将雪板转成与下滑线垂直方向，重心向上坡一面倾斜，增加板刃角度，用板刃刮雪面，迅速停下来；

（2）有时上身向与脚相反的方向扭转有助于快速刹停。

技术要点

在练习刹停或转弯时，要先有一定的滑行速度。这跟骑自行车一样，速度太慢，难维持重心，难以体会出刹车的感觉。

图3-3-10

第四节 转弯技术

在转弯技术中，换刃转弯可以起到减速作用，对初学者来说，由于方向变化，要想灵活、熟练地掌握转弯技术，必须经过反复练习。

滑降至转弯（单转弯）

滑降至转弯是连续转弯的必经阶段，包括直滑降回山、斜滑降到转弯。

 直滑降回山

面谷（后刃）滑行

动作方法 见图 3-4-1

（1）脚跟用力，滑板横向滑动，动作方法同"面谷之落叶飘"；
（2）加强后脚脚跟力量，使滑板向上回山。

技术要点

（1）身体略转向谷，眼睛注视后方；
（2）两脚掌前端施力（脚趾处），及时调整出力，使雪板下滑速度减慢；
（3）两手臂略张开辅助平衡，身体略弯保持弹性，以保持最大的稳定性；
（4）压低身体、膝盖，脚掌前端逐渐加压用力，让雪板速度减慢并转到平板。

图 3-4-1

面山（前刃）滑行

动作方法 见图 3-4-2

（1）滑板朝谷方直滑而下；
（2）后脚脚趾端逐次加压，使滑板转横回山；
（3）脚趾端用力，滑板横向滑动，动作方法同"面山之落叶飘"；
（4）加强后脚脚趾端力量，使滑板向上回山。

技术要点

练习可配合横滑的角度，横滑角度愈大，滑板速度会愈快，回山时后脚力量相对要加大。

图 3-4-2

 斜滑降到转弯

自面谷（后刃）转面山（前刃）

动作方法 见图 3-4-3

（1）面谷横滑出发，放掉滑板上的压力，身体、膝盖拉直，原先与雪面接触的脚跟侧也放掉压力，摆平；

（2）身体略保持前倾，使滑板打直向下滑动，脚趾端的钢边接触雪面，准备转向；

（3）压低重心，身体、膝盖渐次弯曲，后脚脚趾顺势向后拉；

（4）配合滑板本身的弧度及脚趾侧的压力，滑板转为面山。

图 3-4-3

技术要点

（1）记住立刃，转弯时一定要过渡到板中再换刃；

（2）重心总是放在前腿上，正确用力，用身体和双臂的转动来控制方向，放松自己，手指向哪，肩朝向哪，单板就会飞向哪。

自面山（前刃）转面谷（后刃）

动作方法　见图 3-4-4

（1）动作方法同"自面谷转面山"，只是脚掌运用方式对调；

（2）转弯时后脚脚跟向前顺势推出。

技术要点

（1）眼睛跟着滑行方向，双手平举辅助平衡，身体、膝盖保持最大弹性；

（2）变换方向之前，把滑板钢边放掉摆平是一个很重要的程序步骤，漏掉这个步骤有可能会因为钢边动作与身体动作无法配合而摔倒。

图 3-4-4

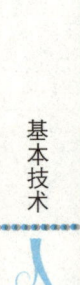 滑转

把脚跟侧和脚趾的动作连接在一起，通过换刃转弯形成"S"形滑行路线。连续转弯是将斜滑降转弯练习中的面谷后刃转面山前刃，以及面山前刃转面谷后刃衔接起来。

 见图 3-4-5

（1）以右腿在前，面向山下方为例，滑转是把脚跟侧和脚趾侧的滑行连起来，滑成"S"形，换刃时有一瞬间是板子放平，板头指向山下，此时注意身体不要后倾，重心向前，一定要等到身体重心放正，不偏向任何一边，板子完全放平后，再做下一转弯动作；

图 3-4-5

（2）双臂放于体前呈握方向盘姿势，眼睛注视前方，雪板后刃卡入雪中，在雪地上站立；

（3）起滑，双臂平移至身体右侧，眼睛的方向随手而动，放松雪板压力，站直身体，使雪板向右下方滑行；

（4）随雪板下滑方向后刃吃雪，使雪板板头向山下方滑行，随之身体重心前移，双腿下蹲，眼随手慢慢转向左侧，带动雪板转向左侧滑行，同时活动腿向后拉动（用脚趾），雪板变为前刃吃雪，转弯成功后，将身体提升，仍保持正直重心放于固定腿，眼睛随手转向滑行方向，达到左转弯动作（注意：转弯前一定做到身体重心前移，压住固定腿，下蹲，使雪板慢慢由后刃吃雪变为平板滑行，雪板板头与雪地呈锐角时方可进行转向，身体保持正直，眼睛和手指向备转方向）；

（5）左侧转向右侧滑行时（也就是由面向山上方转弯成面向山下方），转弯方法一致，只不过在转弯过程中的前后刃吃雪变化不同，右转弯时（也就是转弯后面向山下滑行），要以原前刃吃雪转变为后刃吃雪，活动腿向前推板（用脚背部）。

技术要点

（1）注意转弯时不是转肩、转髋、然后转脚，板子就会跟着动，眼睛要一直看着前进的方向，双手放在身体前面，随目光转动，当双手转动时，肩膀会跟着转，然后腰和脚也会跟着转，脚跟侧转弯时身体略向后倾，脚趾侧弯时身体略往前倾；

（2）以脚在前为例，先用脚跟侧滑，身体略向后躺，用脚跟侧板刃刮雪，雪板转向减速后，起身，重心回正向前，板头指向山下，板子逐渐放平，然后转头、转身、屈膝，身体略向前倾，用脚趾侧板刃刮雪，保持屈膝动作，雪板转向减速后，重心回正，板头指向山下，板子放平，转身继续做脚跟侧转；

（3）开始滑行时，双臂在体前呈握方向盘的姿势，然后身体重心前移，把身体转向前进方向，将重心下蹲，雪板转向的同时，活动腿随之摆动，完成转弯动作。转弯是非常重要的基本动作，无论是喜欢花样滑雪还是速度滑雪，在刚开始练习滑雪时一定要多练习转弯技术，避免转弯时笔直地冲向防护网。

卡宾

动作方法 见图 3-4-6

（1）卡宾要求转弯时板刃与雪面的角度更大，也就需要身体前倾或后倾的角度更大，实际上在练习滑半圆和滑转时，滑雪者可能已经因板刃角度的增加而体验过了卡宾的感觉，卡宾的原理与滑转基本一样，只是卡宾用板刃而滑转是刮雪滑过；

（2）练习卡宾时要选择没有雪车压过、没有冰或小雪包的雪坡，选择略硬一点的雪板，练习时要有一定的速度，半蹲，压低重心，但不要向前弯腰，使身体重心均匀分布在两脚中间，尽量使板尾刃与板头刃沿同样的路线切过，在雪地上留下清晰的切痕，而不是刮过的痕迹，割雪转弯通常不会像滑转那样依靠刮雪刹车而减慢速度，因为卡宾是割雪而不是刮雪，所以入弯和出弯的速度可以保持一样，在转弯前换刃，并尽量早开始转弯将有助于减少速度的损失；

（3）卡宾速度越快，要求板刃角度越大，也就要求身体向坡上方倾斜角度越大，可以通过膝、脚踝和髋部的配合来增加板刃角度，同时增加转弯的稳定性；

（4）要注意沿下滑线卡宾滑行，眼睛注视转弯路线，前手指向转弯方向，后手指向翘起的板刃，保持手臂、肩膀呈水平动作，用后腿帮助控制保持板刃与雪的接触，控制方向。

技术要点

（1）膝盖的上下动作在方向变换上扮演着很重要的角色；

（2）滑行过程注意下半身的外倾、上半身的内倾；

（3）滑板的钢边有释放，再加上压力的转换，可以通过检查滑过的痕迹和练习减小噪声来检验割雪技术是否提高；

（4）眼睛和手的功能不要忽略。

图 3-4-6

第五节 自由式动作

单板滑雪自由式更能彰显年轻人"酷"和"炫"的风格。也许很多年轻人在选择单板时就希望有一天自己也能"飞"起来,"炫"出来。在学习了单板的控制与平衡后,或许已经体会到了单板滑雪的一些乐趣。要想玩得更酷,还需要学习一些自由式的基础动作。

起跳

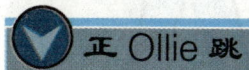
正 Ollie 跳

Ollie 跳是先抬前脚,然后利用板子的弹性顺势抬后脚腾空的一种起跳方法。

动作方法　见图3-5-1

（1）重心放在后脚，努力将板头快速拉起，上身保持平稳；

（2）利用雪板的自然韧性和弹力，掌握节奏，将板尾从地面弹起，同时收腿；

（3）掌握平衡，落地时将重心放回中间；

（4）练习时可以先在平地上进行侧跳。先将左脚向左边抬起跳出，然后右脚跳起跟随往左侧跳，再反过来练习往右侧跳。熟练后可以用同样的方式在雪上进行 Ollie 跳练习。先在平坡、完全静止的情况下练习，后在缓坡上练习，然后将树枝放在坡上练习跃障碍物。熟练后可以在雪坡有突起的地方练习 Ollie 跳，这样可以增加跳起来的高度，有助于体会"飞"的感觉。

技术要点

注意落地时用膝、踝和髋部缓冲，保持重心向前平稳落地，目视落地方向。

反 Ollie 跳

动作方法　见图3-5-2

与正 Ollie 跳动作相反。

技术要点

同"正 Ollie 跳"。

图3-5-1

图 3-5-2

倒滑

倒滑是与正常滑行相反的,后脚在前,前脚在后的滑行。如惯用左脚在前,但用右脚在前滑,就是倒滑。实际上在学换刃转弯前进行的左右横推滑降(落叶飘)和左右连续滑半圆的练习时,有一半的动作是倒滑。

动作方法 见图 3-5-3

与正常滑动作方向相反。

技术要点

(1)可以把速度降下来,尽量不要转回到正常滑行的动作;

(2)开始练习倒滑转弯时,因为滑惯了一边,换另一边滑会觉得有些不习惯,要重新体会转弯的感觉和雪板与身体重心的关系。

图 3-5-3

转 360 度

可以在缓坡雪地上练习顺时针或逆时针转 360 度。以左脚在前顺时针转 360 度为例，先用脚趾侧转弯 180 度，转到右脚在前，再用脚跟侧转 180 度，转到左脚在前的起始动作。每转一圈，各做一次脚趾侧转弯和脚跟侧转弯。

动作方法　见图 3-5-4

（1）要起跳时，身体往背向转，脚用脚趾边大力跳向背向，如果惯用左脚在前起跳，是顺时针转；

（2）起跳瞬间，脚趾边有跳而且身体有转的话，雪板会继续转，此时会看不到要着地的地方，这时头继续转，身体与雪板也会继续跟着转；

（3）转身超过 180 度后，开始准备着地，此时身体要继续转背向，否则雪板会被拉回来，最后用脚趾边着地；

（4）转 360 度后，看见了着地的地方，腿略弯，像弹簧一样，不要太僵硬，准备吸收着地的震动；

（5）着地时，把身体回正，用双脚吸收震动，这时，把重心压低会比较稳。

技术要点

（1）先慢慢转，熟练后，逐渐缩小转弯所需要的距离和时间，每次练完顺时针转后，要练习逆时针转；

（2）先做脚跟侧转弯，然后做脚趾侧转弯，注意目光及双臂对转弯的引导作用，同时注意身体在转弯中的起伏配合；

（3）落地时屈膝可以吸收地面产生的冲击力，不仅可以保护膝关节，也有助于对整个身体的缓冲，如果膝关节僵直，不仅容易摔倒，也很容易受伤；

（4）"飞"是每个单板滑雪者梦寐以求的技巧，学跳跟学转弯一样，也有一定的顺序和方法，要循序渐进；

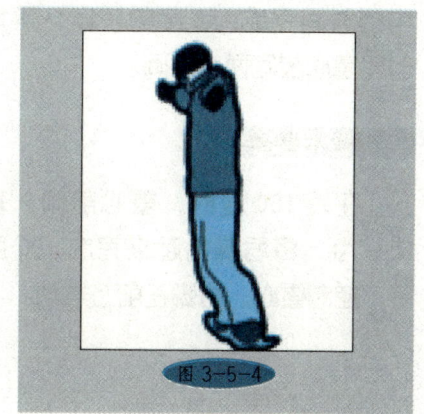

图3-5-4

（5）学习跳起腾空之前一定要先掌握落地的方式，安全落地，否则容易受伤，落地保护膝关节的另一个要点是：落地点的坡度最好不要小于起跳点的坡度，否则落到平地上很容易造成膝关节韧带的损伤，而落到斜坡上并继续滑行有助于力的分解，减少损伤；

（6）不要因为过于自信而把自己置于危险境地，同时请雪场管理员或朋友帮助巡视雪道，以免其他人进入落地点，造成伤害。要做好滑行的保护工作，不可大意。

单脚抬转180度

动作方法　见图3-5-5

（1）滑行中，使用脚跟边准备转向；

（2）上身打开，并且转动肩膀，使上身先达到约90度的转动位置；

（3）同时，重心放在后脚，努力将板头快速拉起，上身保持转动状态；

（4）利用雪板的自然韧性和弹力，掌握节奏，将板尾从地面弹起，同时收腿，此时上身达到180度的转体位置；

（5）上身掌握平衡，下身利用在空

中的时间完成 180 度的转身，落地时将重心放回两脚中间。

技术要点

在转 180 度时，重心前倾，转快一点，将后脚抬起来完成 180 度转，控制重心，后脚在前方落地。

图 3-5-5

纵跳转身

动作方法　见图 3-5-6

（1）反脚滑行中，将重心放在脚跟边上，上身准备转动；

（2）重心下沉，找到起跳的感觉，将重心放在板头，身体继续保持转动；

（3）利用反跳的感觉，用脚跟边与雪地产生的阻力，将雪板弹起，上身打开，并保持转动；

（4）板子弹起收腿，下身通过腰部自然转动，在空中完成 180 度转动；

（5）落地时将重心放回前脚，屈膝减震，平稳落地。

技术要点

（1）练跳时不要心急求快；

（2）最初练跳时应选择平地，熟练后可以逐渐在缓坡上练习；

（3）熟练掌握原地纵跳后，在跳起的同时转身，膝部抬高，下肢跟随转动，完成180度转身，熟练后可以逐渐增加难度，提高速度或增加转身角度。

图 3-5-6

背向转180度

双脚跳起时，一只脚用力向上抬起，同时摆动手臂以同侧臂带动胯和腿完成转体，双脚离地时注意保持身体平衡。

动作方法　见图3-5-7

（1）用平常上跳台的速度，上跳台时，脚半蹲，身体放正，放松；

（2）要离开跳台时，身体往背向转，用脚趾边大力跳向背向，如果你是惯用左脚在前起跳，是顺时针转；

（3）起跳瞬间，脚趾边有跳而且身体有转的话，雪板会继续转，此时会看不到要着地的地方，不要慌，头继续转，身体与雪板也会继续跟着转；

（4）转超过90度后，开始准备着地，注意身体要继续转背向，否则雪板会被拉回来，最后用脚趾边着地；

（5）转 180 度后，看见了着地的地方，腿略弯，像弹簧一样，不要太僵硬，准备吸收着地的震动；

（6）着地时，把身体回正，用双脚吸收震动，这时把重心压低，停稳。

技术要点

最初练跳时应选择平地，熟练后可以选择在缓坡上练习。熟练掌握原地纵跳后，在跳起的同时转身，膝部抬高，下肢跟随转动，完成 180 度转身。熟练后，可以逐渐增加难度，提高速度或增加转身角度，完成转身。

图 3-5-7

抓板

抓板给人的感觉很"酷"，但更重要的是抓板使滑雪者在"飞"的时候保持身体紧凑，与雪板成为一体。腾空时应保持身体平衡，目视落地方向，尽量向上抬腿，不要弯腰向下。最开始练习时可以用前手抓雪板脚趾侧、两脚中间的位置。熟练后，逐步练习抓板头、板尾和脚跟侧板刃，也可以换另外一只手进行练习，也可以创造最适合自己的抓板方式。单板滑行中，抓板动作不但能够帮助滑雪者在空中保持身体的稳定，还能使身体在空中展现精彩的姿态。抓板包括抓前板、抓后板、抓脚趾边板和抓尖板等。

前手抓板中

动作方法 见图 3-5-8

（1）身体呈蹲姿，重心后仰；
（2）用前手抓住雪板前侧、两脚间的部分；
（3）后手在体侧展开，协调身体平衡。

技术要点

（1）抓板动作不但能够帮助滑雪者在空中保持身体的稳定，还能使身体在空中展现精彩的姿态；
（2）前手抓雪板的同时，板尖翘起，板尾迅速跟上，此时将板立起。

图 3-5-8

前手抓后板

动作方法 见图 3-5-9

用前手抓住雪板后侧两脚间的部分，后手在体侧展开，协调身体平衡。

技术要点

（1）抓板动作不但能够帮助滑雪者在空中保持身体的稳定，还能使身体在空中展现精彩的姿态；
（2）前手向前伸直，将雪板拉近身体，板尾略高，注意后倾，抓板的视线方向很关键。

图 3-5-9

后手抓脚趾边板

动作方法　见图 3-5-10

（1）身体呈蹲姿，重心后仰，臀部后坐；

（2）降低后手高度，抓住雪板前侧两脚间的部分，前手在体侧展开，协调身体平衡。

技术要点

进行上体反转较难抓到雪板外刃，要在起跳开始时，用脚跟将雪板拉到臀部，雪板的方向略作改变，才容易抓到。

图 3-5-10

前手抓板尖

动作方法　见图 3-5-11

（1）身体呈蹲姿，重心后仰，臀部向板尖倾斜；

（2）用前手抓住雪板的尖端，后手在体侧展开，协调身体平衡。

图 3-5-11

技术要点

腾空的最高点刚过,下落刚刚开始时为抓板最佳时机。

前刃起跳转体 720 度

在 360 度转体完成的基础上,一定会想向 720 度转体挑战。但这是比较难的动作,可以说是转体系列动作的高境界,适用于专业选手。720 度转体,比以上介绍的动作要求速度更快,腾空高度更高。

动作方法　见图 3-5-12

(1)为了减少阻力,尽可能保持紧凑的团身姿势;

(2)转动的成败,关键在于转体轴的稳定性,转体轴使用需要通过选手的感性认识来掌握,转体轴掌握得好,此动作就能够完成得漂亮;

(3)转体到 180 度时,将板斜立起,尽可能保持紧凑,维持后半程的回转速度;

(4)在腾空起跳的一瞬间,上体先行转动,此时需要注意雪板腾空后纵向提起。

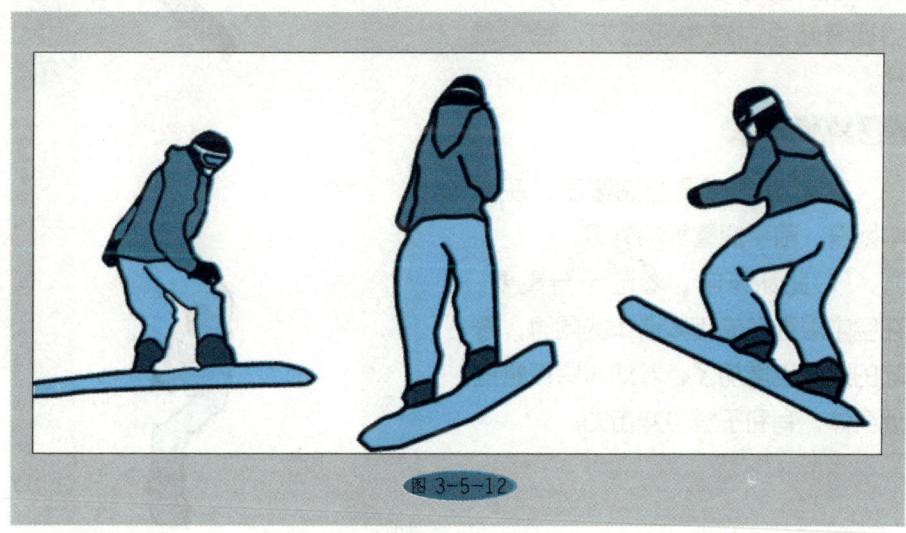

图 3-5-12

向侧后方转体 540 度

这是以身体的斜轴为转体轴，向侧后方转体 540 度的动作。此动作从后方看，呈螺旋状飞出，所以此动作也叫做 COKESCREW。此动作非常引人注目，它是一个较难的动作，需要有较长的滞空时间。

动作方法 见图 3-5-13

（1）从低姿势滑行开始，要尽可能向高处、向远处起跳；

（2）起跳后，雪板带动身体先行转动，同时屈膝，将雪板拉近身体，前手抓雪板外刃，在空中屈膝、团身，能够减少阻力，加快转体速度，而且最重要的是着陆，旋转结束后，目视着陆点，减少冲击力，轻轻落地。

技术要点

（1）起跳后不要控制速度，在空中团身，前手抓雪板的外刃；

（2）此动作中，着陆十分重要，在空中艰难完成转体动作的同时，着陆的难度也增加了，着地时雪板略拉近身体，有利于减少冲击力。

图 3-5-13

身体斜转 720 度

这是身体斜面转体的高难度动作。流畅地完成这个动作，具有一定的观赏价值。但是，如果在空中转体过程中半途而废，着陆也是十分危险的。

动作方法 见图 3-5-14

（1）头部沿身体纵轴转体的同时，先行向下带动身体沿身体横轴转体；

（2）起跳时上体扭转的同时，向下带动身体先行转体，同时将板拉近身体，头部在下，前手抓雪板外刃；

（3）最后转体 180 度时，进入着陆准备状态，雪板一边转体，一边轻轻着陆。着陆动作是这一套动作中最难的。

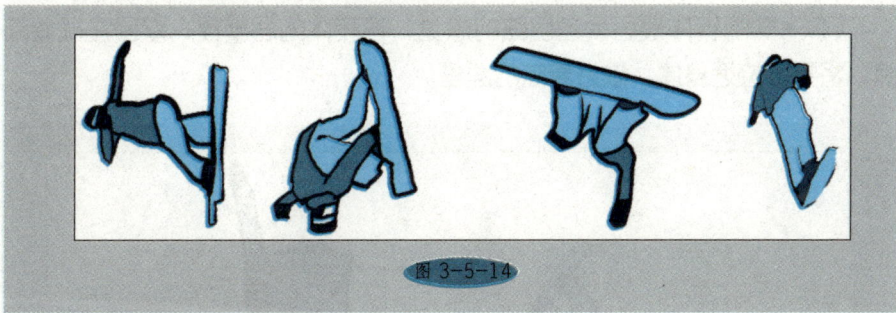

图 3-5-14

技术要点

（1）在空中团身，减少转体半径，上体带动下体先行转动；

（2）斜转体 720 度，是指沿横、纵轴各转体一周，头向下时，前手抓板的外刃；

（3）这套动作，只看一次是不能了解和掌握的。

复合转体 540 度加抓板

这是用雪板的内刃滑行、起跳后，横向转体和纵向转体复合转体 540 度的动作。

动作方法 见图 3-5-15

(1) 纵向转体应该是围绕转体轴,以最小的半径转体,腾空至最高点,向离心力方向坠落,所以会给人一种非常离奇的感觉;

(2) 借助雪板的滑行,似处于无意识状态的情况下充分起跳。借助惯性在上升阶段,后手臂用力向转体方向摆动,上身带动下身开始先行转动,当头部朝下时,前手抓板内刃,而后前手臂向下用力摆动,目视转体方向。

技术要点

(1) 借助雪板的滑行,充分起跳,后臂振臂,带动身体上升;

(2) 当头部朝下时,前手臂向下用力摆动,目视前臂摆动方向,在空中尽可能地屈膝、团身;

(3) 最后转体的 180 度,要目视着陆点,雪板向下推出,准备缓冲着陆;

(4) 一味的转体最后会有目眩的感觉,在转体的后半程,双目注视着陆点,将雪板拉近身体,做好着陆的准备。

图 3-5-15

第六节 伤害及预防

单板滑雪是冬季极限运动,受伤的可能性很大,包括小的无害的滑倒和具有高冲击力的碰撞。通常初级滑雪者更容易受伤,尽管他们不像高级滑雪者那样尝试危险的动作,但他们还没有掌握如何在滑雪板上保持稳定的姿势,因此非常容易失去平衡而跌倒。

单板滑雪总体的受伤比率是每 1000 个滑雪日就有 4 起受伤事件发生,和高山双板滑雪的比率差不多。

与双板滑雪相比,单板滑雪受伤的部位通常是上肢和踝关节,膝部、肘部、臀部、腕部、头部等易受伤。在摔倒时,由于与雪面、器具或他人碰撞,容易造成表皮擦伤或软组织损伤。

这是因为当滑雪者失去平衡时,两脚被牢牢地固定在滑雪板上,他们无法伸出另一只脚以支撑身体,恢复平衡。当在滑雪板上要跌倒时,本能的动作就是伸出手臂防止跌倒,因此上肢受伤的风险很大。但是,严重的受伤在单板滑雪中为数较少,通常是发生在与树木的撞击中。手腕受伤是单板滑雪中最为常见的伤,其次是踝关节和膝部受伤。建议在教练的协助下练习控制板刃角度滑行。初学者也可以先在有扶手的地方体会重心在板刃上的感觉。

手腕受伤

手腕受伤是目前单板滑雪中最为常见的。

(1)向后滑倒以及手臂触地是最常见的情况,特别是对那些刚刚开始学习如何滑行的滑雪者,此类跌倒的强度撞击可以引发扭伤,甚至骨折;

(2)在滑雪者失去平衡后,跌倒时会本能地伸出手臂以防止身体触地,这样可能会损伤手腕,手腕是滑雪者最常见的受伤部位,但在高山双板滑雪受伤中是较为少见的受伤部位;

(3)在向后滑倒时,不要用手去支撑身体,因为这样会将全部的重量都压在腕部,可以学着在跌倒时用肘触地,在向后跌倒时,将双手前伸,而将肘关节向后伸,肘关节可以比手腕吸收更大的冲击力,较好的办法是缩回手臂,在跌倒时滚动身体,让身体的更多面积去吸收冲击力;

(4)佩戴护腕是最好的防止受伤的措施。在学习滑雪的第一周应该佩戴护腕,有些手套也带有一体的护腕。直排轮滑或滑板的护腕也可以用于单板滑雪,可以佩戴在手套下面或上面,可以单独购买护腕或购买与手套连在一起的一体护腕。

踝部受伤

虽然在单板滑雪靴中加入了脚踝支撑物,这样可以减少踝部损害的风险,但是标准的单板滑雪将对踝部和小腿施加很多压力。

(1)踝部受伤大多发生在侧面的强烈冲撞,特别是在跳跃时脚踝受到压力,滑雪高手容易受到更多的踝部损伤;

(2)滑雪时,单板滑雪装备对某种类型的伤害及其发生的频率的控制有很好的效果,通常情况,单板滑雪者踝部受到损伤的风险与其穿何种滑雪靴有关,有经验的滑雪者喜欢穿硬面靴,它与双板滑雪靴一样可以保护踝关节,初学者比较喜欢穿软靴,因为靴子不会固定脚踝,使其有一定的活动余地,这样可以便于滑雪者操纵滑雪板,但是实际上滑雪者穿着软靴脚踝受伤的风险要比穿着硬靴的大一倍,任何由滑雪板传来得力量将被该关节所吸收,这通常在脚踝被压迫或内拐时发生(这种情况在跳跃后可能出现),虽然倾向于穿着较硬系带靴、高山靴或拐弯板靴的滑雪者踝部受伤的几率将减少,但他们更容易发生膝部受伤,靴子越软、系带越松,双脚和踝部受伤的概率就越大,这通常将导致扭伤或骨折,而且,靴子越硬,系带越紧,膝盖受伤的概率就越大,这经常会引起韧带损伤或断裂;

(3)初学者不要将系带系得过紧,这样可以在跌倒过程中保护膝部。随着技艺的提高,可以逐渐系紧靴子以增加滑雪者对滑板的控制。切忌穿滑雪靴或"厚垫防寒靴"进行单板滑雪,因为这将大大增加受伤的风险。

 **膝盖受伤**

单板滑雪过程中,膝盖是可以吸收绝大多数震动的天生弹簧。但是与双板滑雪相比,单板滑雪中膝部受伤并不常见,而且严重程度也较低,这有如下几点原因:

(1)单板滑雪只有两个板刃,可以突然"抓牢"雪地,而双板滑雪有四个板刃且比单板更短,所以扭曲而产生的"杠杆臂"力量会更小;

(2)大多单板滑雪者的膝部受伤是由于非常强烈的撞击(诸如撞到树木)或突然的拐角、转弯动作带来的冲击,为了避免此类损伤,要确保自己了解自身的极限,注意,随着单板滑雪技术的提高,滑雪者对强烈冲击的吸收能力也会随之加强,而且,在滑雪中确保膝部始终保持弯曲,特别是在跳跃或进行某个动作时更应如此;

在做滑降和回转动作时,膝关节在弯曲状态下转换方向造成的损伤:膝关节屈曲位支撑(90度左右)时,大腿前面突然受力,股骨踝向后错位,可使前十字韧带损伤。这是由于长时间保持一种姿势,腰背部肌肉和筋膜处于紧张状态和过度牵拉造成的。这就要求膝关节在一定屈曲范围内屈伸、扭转,否则容易造成膝关节的损伤。

 **头部受伤**

(1)与诸如坚硬的雪面或冰、岩石和树木等自然物体或诸如雪场中栏杆和箱柜等人工物体相撞,可以导致严重的头部损伤,因此,头盔是所有单板滑雪者的防护装备的必备护具之一;

虽然戴头盔的重要性已经毫无疑问,但是戴头盔并不会使滑雪者变得刀枪不入。没有任何证据显示戴头盔可以保护滑雪者免受死亡或严重受伤,例如,滑行的速度超过正常的速度限制(时速 40~60 千米)并且与静止的物体相撞,此种冲撞的力量是所有现代头盔所无法抵御的。但是,滑雪头盔确实可以防护许多轻度的冲撞、斜角的撞击和其他类似碰撞。

(2)因为单板滑雪的冲撞通常来自侧向,所以购买头盔时,要选择那种侧向特别坚固的特种头盔。

冲撞受伤

（1）一部分受伤是由于单板滑雪者撞到了障碍物，或是与其他的滑雪者相撞，特别是在滑雪者众多的滑坡上，撞到其他滑雪者的概率更大，为了避免此类的冲撞，应阅读并遵守"双板、单板滑雪者导则"，穿戴护背、护髋及护身的装备等防护服装是保护身体免受伤害的有利方式；

（2）单板滑雪者，特别是第一次滑雪者，要穿戴单板滑雪安全装备。佩戴护腕和护肘可以缓解跌倒时对上肢关节的伤害，护膝有助于防止挫伤，尾骨垫也非常有用，因为初学者通常会有很多次向后滑倒。

由于场地问题引起的运动损伤

（1）雪场管理放任自流、秩序差、缺少必要的标志物，没有规定滑行的方向和路线、危险地带没有警告标志，滑雪者容易发生碰撞受伤，缺少必要的场地说明图，致使滑雪者对滑雪场地情况不了解，对危险地带、陡坡，特殊雪质、较大的凹凸地段等，也容易导致运动损伤甚至有危险的发生；

（2）在雪场滑行中应该注意的问题是注意观察、了解滑雪路线，及时平整雪面，防止在滑行中"加塞"、追逐；学习中不要超速滑行，切勿过于自信而盲目做出不适合自己能力的滑行动作；休息时要停在雪道边上，要注意和避开从上边滑下来的人，重新进入雪道时也如此。

注意事项

普及运动损伤知识，引起滑雪者思想上重视

作为滑雪者必须掌握必要的运动损伤知识，并能在运动损伤发生后及时分析原因，总结经验，采取预防对策，也可以先开设关于滑雪知识和预防运动损伤的课程，让滑雪者了解运动损伤的知识。不要急于求成，了解滑雪者运动损伤的可能性和危害性，会避免或减少运动损伤。

做好充分的准备活动

滑雪者认识准备活动的重要性，掌握准备活动的合理方法，养成运动前做好准备活动的良好习惯是十分重要的。单板滑雪是在寒冷的环境下进行

的，准备活动应该做得时间长一些，可做一些专门性准备活动，充分地把身体活动开。

掌握安全摔倒的方法

只要掌握安全摔倒的方法，就可有效地减少损伤。安全摔倒即摔倒时不要随意挣扎，应迅速降低重心向后坐，举起手和双臂，屈身，任其向下滑动，要避免头部朝下和翻滚。

脱落器调节时应该注意的问题

自动脱落器的使用可使滑雪者损伤的比例大大减少。但由于脱落器调节不佳引起的损伤也很多，应予以高度重视。在调节脱落器时，应该根据自身状况将脱落器的压力调节到适当的刻度。

加强易伤部位的训练

加强易伤部位和相对较薄弱部位的训练，提高它们的机能，是预防运动损伤的一种积极手段。比如：为了预防踝、膝关节损伤，应加强踝、膝关节周围肌肉、韧带的力量、弹性和柔韧性。

合理安排学习和锻炼

制定学习计划应合乎体育科学原则，作为滑雪初学者，应该充分掌握滑雪前所需的运动知识，认真了解哪些技术动作不易掌握，哪些技术动作容易产生损伤，做到心中有数，事先采取预防措施。应合理安排运动量，尤其要注意身体各运动器官的局部运动量和伤后锻炼问题，防止局部负担过重而损伤。

第四章 比赛规则

制定各项运动的比赛规则，有助于比赛参与者了解运动规则的基本知识，以使滑雪者在比赛过程中游刃有余地发挥技术水平。比赛观赏者也只有在了解基本规则的前提下，才能够充分体验观赏比赛的乐趣。

第一节 比赛方法

参赛选手要按照一定的方法进行比赛,并须遵循一定的规则,以使比赛有序进行。

比赛项目

(1)成年男、女组:个人技术难度、技术种类规定动作;
(2)少年男、女组:个人技术难度规定动作;
(3)成、少年男、女组:个人自选动作。

比赛安排

预赛第一跳

女子:全体运动员参赛,成绩排在前3名的运动员获得参加决赛资格。
男子:全体运动员参赛,成绩排在前5名的运动员获得参加决赛资格。

预赛第二跳

(出场顺序与第一跳不同,即第一跳成绩排在最后一名的运动员先出场)
女子:从第一跳的第4~15名中重新选拔出前3名的运动员,参加决赛。
男子:从第一跳的第6~25名中重新选拔出前5名的运动员,参加决赛。

决赛第一跳

预赛第二跳选拔的运动员先出场,然后是预赛第一跳选拔的运动员出场,全部出场顺序均与预赛名次相反,即最后一名最先出场。
决赛第一跳名次排序:女子(前)6名;男子(前)10名。

决赛第二跳

决赛第二跳名次排序：女子(前)6名，男子(前)10名。

预赛第二跳遇进入决赛的最后一名成绩并列

男子并列第5、女子并列第3名的运动员均参加下一轮决赛。这种情况下，预赛第二跳运动员进入下一轮决赛的人数少1人。

预赛第二跳遇进入决赛的最后一名成绩并列

男子并列第10、女子并列第6名的运动员均参加下一轮决赛。这种情况下，参加决赛的运动员多1人。

最终名次的确定

(1)女子最终名次的确定：

第1~6名：两轮决赛中的最高一次得分为该运动员的最终成绩，然后依据最终成绩多少对其进行排序。

第7~15名：根据运动员在预赛第二跳的得分多少进行排序。

第15名以后：根据运动员在预赛第一跳的得分多少进行排序。

(2)男子最终名次的确定：

第1~10名：两轮决赛中的最高一次得分为该运动员的最终成绩，然后依据最终成绩多少对其进行排序。

第11~25名：根据运动员预赛第二跳的得分多少进行排序。

第26名以后：根据运动员预赛第一跳的得分多少进行排序。

比赛流程

(1)预赛是"U"形场地雪上单板技巧比赛的一部分；

(2)根据预赛的成绩确定参加决赛的运动员；

(3)参加决赛运动员的最终名次，只根据决赛确定；

(4)正式成绩册(单)上记载如下事项：

在预赛中的名次，参加决赛运动员的最终名次；

(5)比赛方式可以选择淘汰制或者单循环制进行，由国际滑雪联盟做出决定；

（6）种子选手的编排：

第1～16名运动员编排在第一段并由抽签决定出发顺序。第17名以后的运动员编排在第二段，也由抽签决定出发顺序。

第二节 裁判方法

在比赛过程中，裁判人员通过履行其职责，进行正确的裁判工作，来保证比赛的公平、公正。

裁判人员

裁判人员根据比赛的规程来执行其比赛组织的工作。

裁判的组成

技术代表、评分裁判长、评分裁判员、竞赛长、竞赛秘书和计算长，由国家体育总局冬季运动管理中心选派，其他裁判员由承办单位选派。

裁判的评分标准

技术指标

以下各项（技术指标）裁判标准，各由五名裁判员进行判定。5名裁判员分别就下面的标准进行评价：标准技术、难度、多样性、完整性和整体印象。

1.标准技术

将所有不带空翻的动作作为评分对象。其中包含抓板及不抓板的空中动作、U形场地的壁角或者壁角附近的技术动作及小于360度的空翻、转体及小于360度的壁角支撑。裁判要注意观察属于该范围内技术动作的完成程度、难易程度及多样性。评价的对象、范围是各技术动作完成的质量。摔倒不属于综合评价的对象。

2. 关于裁判标准

标准技术是指所有"直"的空中动作，包含所有的小于 360 度的空中转体及其它技术动作。这些技巧包括正反两个方向的动作。标准技术中有直线飞跃、空中向前转体 180 度、屈体转体 180 度、空中反向转体 180 度、空中直线雪板扭转 180 度等各种动作及小于 360 度的壁角技术动作。若想在多样性方面获得高分，则应该尽可能地使用较多的两个方向的动作技术。例如抓板动作：采取各种后刃起跳的空中演技则富有多样性，如果再加上空中扭转、空中反向转体 180 度、空中向前转体 180 度等，则更加富有多样性，难度加强，分值也会增高。抓板动作应该明显流畅，评价一个完整的抓板动作，是从运动员身体和腿处于一定位置摆出造型开始，到抓板手的离板动作为止。

 空翻

1. 评价的对象

把伴有空中翻转的所有技术动作作为评分对象。其中包含转体、空翻、空翻加转体、超过 360 度的空翻动作及壁角翻转技术动作。裁判员在评分时要注意属于此范围的技术动作的多样性、难度及完成程度。摔倒不属于综合评价的对象。

2. 关于裁判标准

空翻技术是指 360 度及 360 度以上技术动作，包括向两个方向进行的转体、空翻。

要点之一：难度的高低方面。

转体 540 度加抓板动作比只转体 540 度的难度大，表演中直体与多轴的动作难度较高。

要点之二：空翻转体动作的多样性。

例如：不同类型的抓板，正刃起跳 540 度转体动作进行三次，其多样性是不够的。要想获得高分，应采用不相近的类似动作。例如：转体 540 度、转体 720 度、前空翻加转体 540 度、壁角支撑类的动作等。

要点之三：在质量方面，技术动作完成的正确程度、流畅性及控制能力是评定质量的重要标准。

高度

1. 分数计算

通过飞起的高度来评价运动员的滑行能力。高度分是指飞起的平均高度,并包含了依据平台设计的 1~5 分的标准值。高度是裁判给分的依据之一,跳起高度的计算是从平台向上算起,每增高 30 厘米给 1 分,并加上标准值。

把高度分除以跳数即为纯得分。跳数最少为 4 次。为了最大限度地在 0.1~10 之间进行给分,我们使用如下公式计算高度得分(该公式适用于世界杯以上级别的比赛)。

纯得分 / 基础分 × 纯得分 = 高度分(最后高度分)

基础分为 6.0,(基础分可以改变)该公式可以使运动员高度分的分值幅度最大限度地体现出来,运动员的得分率不变而得到更大幅度的数值。可以参考的公式:(非规则内容)

纯得分 = 标准值(设定为 1.5 分之间)+ 每 30 厘米为 1 分 / 跳数(最少 4 跳)

最后高度分 = 纯得分 / 基础分(可为 6 分,可以改变)× 纯得分

例 1:基础分 6.0,动作高度分为 6.0 时计算如下:

6.0 / 6.0 = 1

1.0 × 6.0 = 6.0

例 2:基础分 6.0,动作高度分为 5.0 时计算如下:

5.0 / 6.0 = 0.833

0.833 × 5.0 = 4.1

例 3:基础分 6.0,动作高度分为 5.5 时计算如下:

5.5 / 6.0 = 0.916

0.916 × 5.5 = 5.0

例 4:基础分 6.0,动作高度分为 7.5 时计算如下:

7.5 / 6.0 = 1.25

1.25 × 7.5 = 9.4

例 5:基础分 6.0,动作高度分为 7.8 时计算如下:

7.8 / 6.0 = 1.3

1.3×7.8＝10.1（最高分为 10 分）

例 6：基础分 6.0，动作高度分为 6.6 时计算如下：

6.6/6.0＝1.1

1.1×6.6＝7.3

2.关于裁判标准

高度的测定并不是非常难的，作为裁判必须准确地测定出运动员飞起的高度。纯高度分是指运动员飞起的平均高度分。测定高度不应该考虑台角以下和手臂的高度。

对各跳给分时，要重点观察运动员起跳前的滑行速度，有时还应该观察通过台角下的动作，这比仅仅观察起跳高度更明智。

运动员的飞起应该是充分利用速度、强有力的滑出而不是勉强的滑出。运动员飞起高度的测定应是从平台平面到运动员身体的中心轴。

整体印象分

1.评价的对象

裁判员根据运动员的练习及试滑水平制定评价标准，并依据该标准进行评分。

裁判不仅要评价单个动作而且还要评价整体动作的准确性、连续性、创新性及完成技术动作的质量。

运动员表演技术的整体构成是非常重要的。整体印象裁判员要负责对摔倒技术动作进行扣分，每摔倒一次最多能扣掉此项表演技术动作最高得分的 25%。

2.关于裁判标准

裁判员不仅要观察运动员表演的全过程，而且要对表演技巧的构成、流畅程度进行详细的观察。要把所有的动作作为评分的对象来考虑。包括：飞起的高度、难易度、多样性、场地适应情况、技术动作完成的质量。

飞起的高度是指表演动作从台面算起运动员向上飞起的高度。

难易度是指运动员完成的单个动作及整套动作的难易程度。

多样性是指标准技术与空翻、转体动作使用的情况。

场地使用是指充分、均衡地使用场地情况。

技术动作完成的质量是指表演动作完成的准确性、稳定性、流畅性及整体控制能力。

　　裁判员要注意观察运动员技术动作完成质量、难度和多样性。运动员获得其他裁判员给的高分，在此同样可获得高分。裁判员对摔倒进行评分时，不但要考虑摔倒直接影响技术动作，而且还要考虑由于摔倒造成运动员的情绪低落，及对下面的滑行动作产生影响的因素。还有，裁判员对运动员的力量、动作的流畅性及 U 形场地的使用状况也要进行评分。运动员进行的首次出现的具有创新性的技术动作，难度系数越大，运动员的得分应该越高。另外，连续进行的技术动作也是裁判员应该考虑的重要要素。例如：连续进行两个表演动作，就比只做一次相同的动作难度高。

　　摔倒等方面的扣分如下：

　　扣 2.0～2.5 分　　重大摔倒，完全停止。

　　扣 1.0～2.0 分　　轻摔倒，身体接触了雪面。

　　扣 0.5～1.0 分　　为维持平衡，用手触雪面或手拖雪面。

　　扣 0.1～0.5 分　　着陆不稳、晃动、空中动作错误影响、进行了速度调节、手触壁等等。

U 形场地单板雪上技巧评分规定

　　(1)各裁判员采用 10 分制，裁判员评分保留小数点后一位，如：3.8、6.7、7.3、9.9；

　　(2)各评分裁判在规定的范围内进行评分；

　　(3)裁判员为 3 人时，采取如下方式评分：一名裁判员负责高度的裁判，一名裁判员负责标准技术和空翻类技术的裁判，另一名裁判员负责整体印象的裁判；

　　(4)裁判员为 5 人时，采取如下方式评分：标准技术、空翻类技术和高度分别由一名裁判员分别进行评分，另两名裁判员负责整体印象的评分；

　　(5)裁判长在确定评分裁判分工前，可以与裁判员协商；

　　(6)不经裁判长同意，裁判员不可擅自改变担当的职责；

　　(7)运动员的得分在每名运动员比赛结束后公布；

　　(8)得分相同。

单跳比赛时得分相同：单跳后运动员得分相同时，整体印象总分高的运动员名次在前。整体印象得分相同时，按不同的技术指标分别比较每项得分，获得高分的项数多的运动员获胜。以上各项顺序都相同时，高度得分高者获胜。

两跳合计得分相同：两跳合计得分相同时，看整体印象分之和。整体印象分合计分高者名次在前。两跳整体印象分合计还相同时，则比较一跳的综合得分，两跳整体印象分合计相同，并且已跳的综合得分也相同时，则比较各项裁判指标的得分。得分高的项数多者名次在前。

两跳比赛中高分相同：两次决赛跳中分高的运动员的比分相同时，比较各自获得高分一跳中的整体印象分，高分者优胜。两者的整体印象分均相同时，比较各裁判的评分，得分高的项数多者获胜。

以上各项顺序还相同时，高度得分高者获胜。两运动员的得分合计相同，看第二跳得分，第二跳得分相同，看第一跳的得分。

决赛由两跳决定胜负时的特殊性评分：由第二跳确定胜负。如果第二跳得分相同，根据第一跳确定胜负。

裁判方法